Die Powerseller-Elite von eBay.com

Zahlen – Daten – Fakten

Marion von Kuczkowski

Copyright © Marion von Kuczkowski 2014

Alle Rechte vorbehalten, insbesondere das Recht der mechanischen, elektronischen oder fotografischen Vervielfältigung, der Einspeicherung und Verarbeitung in elektronischen Systemen, des Nachdrucks in Zeitungen oder Zeitschriften, des öffentlichen Vortrags, der Übertragung durch Rundfunk, Fernsehen oder Video, auch einzelner Text- und Bildteile sowie der Übersetzung in andere Sprachen.

Impressum
Marion von Kuczkowski
Kontakt: **mvk@tmta.de**
Webseite: **www.take-me-to-auction.de**
Korrektorat: Claudia Heinen
Coverdesign: © fotomek - Fotolia.com

ISBN-13: 978-1502714381
ISBN-10: 1502714388

Printed in Germany
By Amazon Distribution GmbH, Leipzig

Inhaltsverzeichnis

Vorwort 4
Einleitung 5
Analysierte Verkäufer 8
Newcomer oder alte Hasen 10
Bewertungen 12
    Bewertungsprofile 14
Verkäufer mit Top-Bewertung 15
Mitgliedsland 18
Template 20
Umsatz 23
Durchschnittlicher Verkaufspreis 26
Gesamtanzahl der eingestellten Artikel 29
Eingestellte Artikel 32
Erfolgreiche Angebote 35
Verkaufte Artikel 38
Verkaufsquote 41
Angebotsformat 45
Zusatzoptionen 48
Anzahl der Gebote 52
Anzahl Kategorien 55
Angebotsdauer – höchster Verkaufspreis 58
Angebotsdauer – höchste Verkaufsquote 61
Höchste Verkaufstage nach Wochentag 64
Höchste Verkaufsquote nach Wochentag 67
Teuerster Artikel 70
Bestseller 73
Nachwort 78
    Schlusswort 79
Über die Autorin 80
    Quellennachweis 80

Vorwort

Neben Zeit und Erfahrung gehören herausragende Markt- und Marktplatzkenntnisse zu den Grundpfeilern, die nötig sind, um ein erfolgreiches eBay-Unternehmen aufzubauen.

In „Die Powerseller-Elite von eBay.com" werden die Angebote von über Hundert eBay.com Titanium-Powersellern* analysiert und die Auswertungen liefern die Antworten auf die Fragen, die sich jeder Verkäufer, der bei eBay.com verkauft, stellen sollte, wie z. B.:

- An welchen Tagen werden bei eBay.com die meisten Artikel verkauft und an welchen Tagen werden bei eBay.com die höchsten Verkaufspreise erzielt?
- Welche Angebotslaufzeit hat sich in Bezug auf Verkaufspreis und Verkaufsquote bewährt?
- Wie hoch ist der durchschnittliche Verkaufspreis der bei eBay.com verkauften Artikel?
- Wie hoch ist der Anteil an Auktionen im Formatmix der Verkäufer?
- Welches sind die Bestseller der eBay-Verkäufer mit den höchsten Umsätzen bzw. der Verkäufer mit den höchsten Abverkaufszahlen?

Erfahren Sie in „Die Powerseller-Elite von eBay.com", wie die Erfolgszahlen der amerikanischen eBay-Elite-Verkäufer aussehen und holen Sie sich Anregungen, wie Sie Ihre eigenen eBay-Angebote perfektionieren können.

Ein erfolgreiches eBay-Unternehmen baut man nicht über Nacht auf. Etablierte eBay-Unternehmen haben den Vorteil, dass sie bereits viel Zeit investiert und Erfahrungen gesammelt haben, aber auch sie haben einmal bei null angefangen und müssen täglich daran arbeiten, den Anforderungen des dynamischen eBay-Marktplatzes gerecht zu werden.

Die Auswertungen in diesem Buch zeigen, dass es auch bei den Top-eBay-Verkäufern Optimierungspotenzial gibt und dass ambitionierte Newcomer durchaus auch heute noch Chancen haben, bei eBay durchzustarten.

*Titanium-Powerseller müssen im Jahr mindestens $ 1.800.000 Umsatz generieren oder 180.000 Artikel pro Jahr verkaufen.

Einleitung

eBay wurde 1995 von Pierre Omidyar gegründet und hat sich seit der Gründung vor nunmehr 19 Jahren zu einer gigantischen Umsatzmaschine entwickelt.

Hunderttausende Verkäufer weltweit bestreiten mit dem Verkauf auf eBay ihren Lebensunterhalt.

Nachdem ich 2012 die deutschen **eBay-Umsatzmillionäre** analysiert habe, folgt nun eine Analyse der eBay-Verkäufer-Elite, die auf dem amerikanischen Marktplatz aktiv sind. Anders als bei der deutschen Version, bei der ich ausschließlich Verkäufer analysiert habe, deren Standort Deutschland ist, habe ich bei der Auswertung der amerikanischen Verkäufer ganz bewusst auf die lokale Begrenzung verzichtet, weil, wie Sie später sehen werden, vor allem Verkäufer aus Asien eine nicht zu unterschätzende Marktmacht bei eBay.com darstellen.

Ursprünglich wollte ich jeweils 50 Verkäufer finden, deren monatlicher Umsatz zwischen $ 500.000 und $ 1.000.000 liegt, dazu 50 Verkäufer, die bei eBay.com einen Umsatz von mindestens $ 1.000.000 generieren, und dazu noch 50 Verkäufer, die bei eBay.com mindestens 30.000 Artikel im Monat verkaufen.

Alle diese Verkäufer erfüllen die Voraussetzungen, die eBay für den „Titanium-Powerseller"-Status verlangt.

Um in den USA den „Titanium-Powerseller"-Status zu erhalten, müssen die Verkäufer einen Mindestumsatz von $ 1.800.000 pro Jahr erreichen oder 180.000 Transaktionen im Jahr abschließen. (In Deutschland entspricht der amerikanische „Titanium-Powerseller" in etwa dem Status des „Platin-Powersellers", der im Jahr einen Umsatz von 1.800.000 Euro generieren oder mindestens 60.000 Artikel verkaufen muss.)

Nachdem ich die Umsätze und Verkaufszahlen von Hunderten von eBay-Verkäufern ausgewertet habe, blieben in den drei Gruppen, die ich am Anfang festgelegt habe, insgesamt 158 Verkäufer übrig und da ich auf keinen dieser Verkäufer verzichten wollte, habe ich alle 158 Verkäufer in die Analyse einbezogen.

52 Verkäufer gehören zur Gruppe 1, der Gruppe, die bei eBay.com einen monatlichen Umsatz zwischen $ 500.000 und $ 1.000.000 generiert. Zu der Gruppe 2, der Gruppe der Verkäufer, die bei eBay.com einen Umsatz von mindestens $ 1.000.000 pro Monat generieren, gehören 54 Verkäufer.

Zu der Gruppe 3, der Gruppe der Verkäufer, die im Monat mindestens 30.000 Artikel bei eBay.com verkaufen, gehören wieder 52 Verkäufer.

In dieser dritten Gruppe gibt es 15 Verkäufer, die bereits in den Gruppen 1 und 2 auftauchen, aber ich wollte sie nicht ausschließen, denn bei den Auswertungen stehen die Gruppen jeweils für sich und hätte ich die 15 Verkäufer ausgeschlossen, die bei eBay.com mehr als $ 500.000 Umsatz generieren, wäre das Ergebnis der Gruppe 3 verfälscht dargestellt worden.

Bei Auswertungen, die alle drei Gruppen mit einbeziehen, habe ich diese 15 Verkäufer selbstverständlich nur einmal berechnet, damit die Ergebnisse stimmen. In der Gesamtansicht spreche ich daher von 143 Verkäufern.

Die Daten wurden zwischen Mitte Juni 2014 und Ende Juli 2014 erhoben, wobei bei jedem Verkäufer der exakte Zeitraum von 30 Tagen analysiert wurde.

Diese Analyse ist eine Momentaufnahme, die sich auf den ausgewerteten Zeitraum bezieht. Saisonale Schwankungen sind durchaus möglich, sodass einige Verkäufer, die z. B. Pools und Zubehör verkaufen, im Zeitraum der Analyse den einzelnen Gruppen zugewiesen werden konnten, in den Wintermonaten jedoch vermutlich keinen Platz auf den Listen erhalten würden. Dafür würden dann im Winter Verkäufer auftauchen, die sich z. B. auf Kamine spezialisiert haben und dadurch im Sommer keinen Platz auf der Liste erhalten haben.

Um Ihnen einen Vorgeschmack auf die analysierten Daten zu geben, möchte ich gleich zu Beginn mit einigen eindrucksvollen Zahlen aufwarten: Die 143 analysierten Verkäufer haben bei eBay.com innerhalb von 30 Tagen mit 3.510.854 verkauften Artikeln einen Umsatz von unglaublichen $ 163.398.705 generiert. Zusammen haben sie 46.663.144 Bewertungen.

Insgesamt füllen sie den eBay.com-Marktplatz mit 5.095.498 Angeboten, aus denen heraus sie insgesamt 306.847.127 Artikel anbieten.

In 30 Tagen haben sie 7.878.099 Gebote erhalten.

Erfahren Sie im Folgenden, wie die Erfolgszahlen der amerikanischen Elite-Verkäufer aussehen. Erfahren Sie, wie viele Artikel sie bei eBay.com einstellen und wie viele sie davon erfolgreich verkaufen, wann sie bei eBay.com angefangen haben und in welchen Ländern sie ihren Standort haben.

Erfahren Sie, welche Angebotsformate am häufigsten eingesetzt werden und an welchen Tagen die Verkäufer die höchsten Verkaufspreise oder die höchsten Verkaufsquoten erzielen. Sie werden auch erfahren, welche Laufzeiten die höchsten Verkaufspreise oder die höchsten Verkaufsquoten erzielen und welche Artikel zu den Bestsellern der analysierten Verkäufer gehören.

Clare Gilmartin, Vice president of eBay Marketplaces, hat einmal gesagt, dass 38 % der Verkäufe von einigen wenigen Top-eBay-Verkäufern generiert werden*[1]. Bei dem Volumen, das die analysierten Verkäufer auf sich vereinen, darf man davon ausgehen, dass die Ergebnisse der Analyse durchaus die Gegebenheiten auf dem eBay.com-Marktplatz reflektieren und damit geben die analysierten Daten Antworten auf viele Fragen, wie z. B., welcher Tag der beste Verkaufstag auf eBay.com ist oder welche Laufzeiten sich bewährt haben.

Dieses Buch richtet sich an erfahrene eBay-Verkäufer. Sie werden in diesem Buch weder eine Schritt-für-Schritt-Anleitung für den erfolgreichen eBay-Auftritt finden, noch werden hier die Geheimnisse der eBay-Powerseller enthüllt. Mein Ziel war es, die Zahlen, Daten und Fakten der eBay.com-Titanium-Verkäufer zu analysieren und übersichtlich darzustellen.

Ursprünglich wollte ich das Buch ausschließlich für den US-Markt schreiben, aber die Zahlen haben mich so beeindruckt, dass ich denke, dass auch andere deutsche Verkäufer sich dafür interessieren könnten.

Da die Analysen den amerikanischen Markt widerspiegeln, habe ich die Währung ganz bewusst nicht umgerechnet und im Original belassen. Gleiches gilt für den ersten Teil der Bestseller. Im zweiten Teil der Bestseller habe ich mich für die deutsche Übersetzung entschieden, weil mir diese Entscheidung sinnvoll erschien.

Bevor wir endgültig zu den Analysen kommen, möchte ich noch anmerken, dass es mir lieber gewesen wäre, wenn ich die Daten der drei Gruppen jeweils in einer Grafik farblich unterschiedlich hätte darstellen können. Leider hätte die Printversion dieses Buches mit farbigen Grafiken über $ 20 gekostet und da auch einige der älteren E-Book-Reader keine farbigen Grafiken darstellen können, habe ich mich gegen diese Variante entschieden und jeweils eine Grafik pro Gruppe angefertigt.

Analysierte Verkäufer

Folgende Verkäufer wurden in den drei einzelnen Gruppen analysiert – die Reihenfolge erfolgt alphabetisch:

Gruppe 1: Zwischen $ 500.000-$ 1.000.000 Umsatz	Gruppe 2: Mehr als $ 1.000.000 Umsatz	Gruppe 3: Mehr als 30.000 verkaufte Artikel
2ndswing	6ave	01cnyw2010
3ballsgolf	adoramacamera	accecity2009
a1_superdeals	altatac	alice1101983
accmonster	am-autoparts	altatac
allnewshop	apmex	am-autoparts
baltisales	apparelsave	apparelsave
betterworldbooks	asavings	beadofamerica
brand_jfa	audiosavings	bellaandchloe
budgetgolfer	beachcamera	bellaandchloe-2
cametaauctions	beckertime	betterworldbooks
centsles	best_buy	bhfo
cpo-outlets	bestchoiceproducts	blowitoutahere
diamond_jewelry_united	bhfo	bmw-yyh
doverjewelry	bidadoo_business	burbanksportscards
echefstore	bidallies	buy
factorydirectsale	blinq	campus111
garage_cell	blutek	carpartswholesale
gearxs	buy	chayatech
giftcardmall	buydig	city-green
globalgolf	buysuperdeal	cnazhi2012
golfetail	campus111	ecop!
gonitrohobbies	carpartswholesale	eforcity
greatbrands	certified-jewelry	elec-mall
hi-etech	chubbiestech	emilyandlily
k2motor	dailysteals	eroute66
ksouth9	deal.fisher	estocks_usa
manufacturer_certified	digjungle	gadgetstop

maxtoolsales	drivengps	gohastings
music123	ecop!	hi-etech
nps	emrude11	hkpowerstore
nri-industrial	factory_outlet	hottestdealever
omnimodels	gadgetfix	jewelry-sale
poolproducts.com	gazelle-store	lilyyangstore
poolsupplyworld	getitdigital	moviemars
reliableaftermarketpartsinc	jomashop	newegg
retailfashionoutlet	linda*s***stuff	phoenix1900
saveonpoolsupplies	mcm	planet_wireless
scottsdalesilver	newegg	qwb9876533
shopcelldeals	overstock	rrd20077
shopdivvy	photovideo4less	save_good
targetstores	prewarcardcollector	seemmy999
tee2green6931	proaudiostar	shcfstore
thewatchery	probstein123	tavses
threerb	quickshipelectronics	topgembead
wayfair	redchairdiamonds	zhangyunice
unique_squared_inc	redtagcamera	verabradley
unitedoutdoors	robertscamera	vminnovations
unlocked_nocontract	sflmaven	xtremegems2010
unlocked_nottobetied	silvertownelp	yallstock
verabradley	taddwholesale	yallstore
www-sonicelectronix-com	valuemassage	zorotools
yallstore	vminnovations	zydistro
	youbuyrite	
	zorotools	

In den Gruppen 1 und 2 gibt es, wie bereits erwähnt, einige Überschneidungen mit der Gruppe 3.

15 der in der Gruppe 3 aufgeführten Verkäufer haben im Analyse-Zeitraum einen Umsatz von mehr als $ 500.000 realisiert und dabei mehr als 30.000 Artikel im Monat verkauft.

Da alle Gruppen auch für sich stehen, habe ich diese Überschneidungen bewusst in Kauf genommen.

Bei den Auswertungen, die die Gruppen 1-3 einschließen, habe ich diese Verkäufer nur einmal in die Berechnung einfließen lassen.

Newcomer oder alte Hasen?

In den Gruppen 1 und 2 sind drei Verkäufer bereits seit 1998 dabei, knapp 53 % der Verkäufer sind bereits mehr als zehn Jahre bei eBay angemeldet, was nicht unbedingt bedeutet, dass sie auch so lange und über den ganzen Zeitraum hinweg als eBay-Verkäufer aktiv waren.

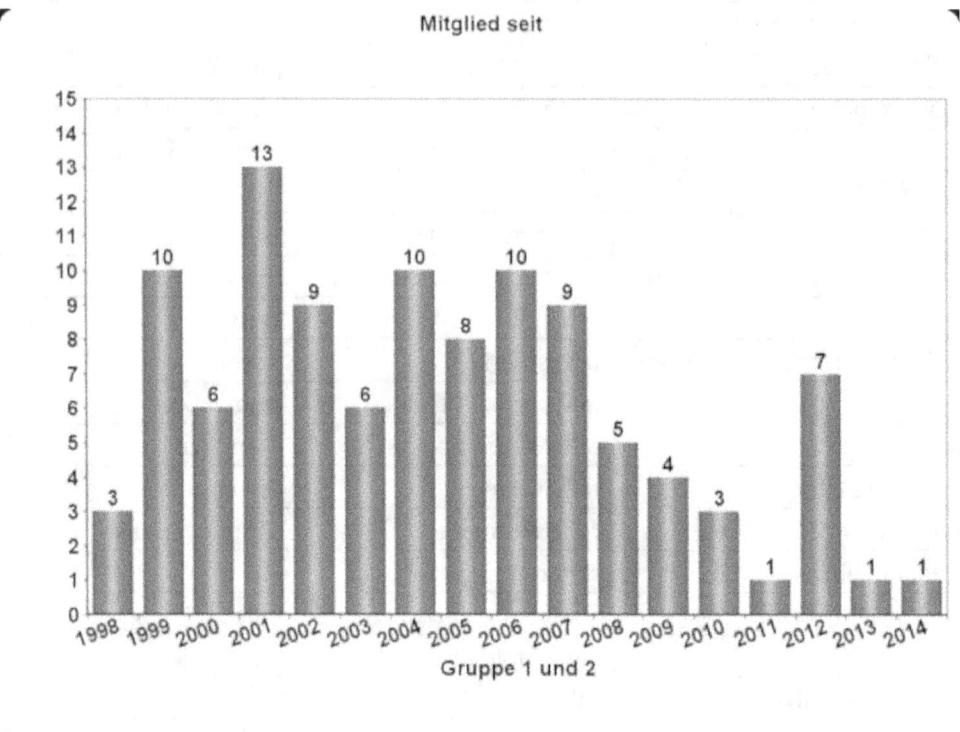

Erstaunlich ist, dass zwei Newcomer unter den eBay-Umsatzmillionären zu finden sind.

Ein Verkäufer ist erst in diesem Jahr eingestiegen und gehört bereits zu den eBay-Umsatzmillionären, ein anderer ist mit einem Jahr Mitgliedschaft auch noch recht neu bei eBay.

Einen kleinen Anmelde-Peak gab es im Jahr 2001, während Verkäufer, die sich nach 2007 bei eBay angemeldet haben, in der Gruppe der Umsatzmillionäre seltener vertreten sind, was nicht bedeutet, dass eBay unter schwindenden Neuanmeldungen zu leiden hatte.

Das zeigen die Zahlen der Gruppe 3.

Hier wird klar, dass es scheinbar einfacher ist, sich in relativ kurzer Zeit an die Spitze der Verkäufer zu setzen, die viele Artikel verkaufen, als in die Liga der Umsatzmillionäre vorzudringen.

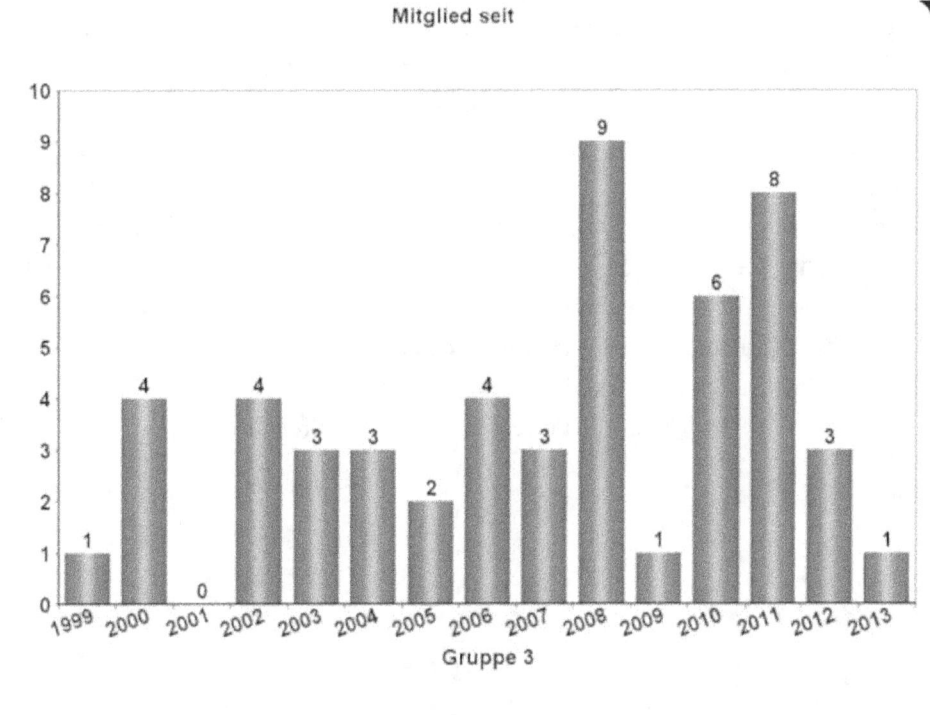

In der Gruppe der Verkäufer, die mehr als 30.000 Artikel im Monat verkaufen, sind mehr als 71 % der Verkäufer kürzer als zehn Jahre dabei, knapp 36 % sogar weniger als fünf Jahre.

Bewertungen

Bewertungen sind bei eBay ein beliebtes Thema. Verkäufer, die die magische Grenze von mehr als 1.000.000 Bewertungen knacken, werden noch immer weltweit gefeiert und fast jeder Verkäufer freut sich, wenn sich die Farbe seines Sternes ändert.

Die Zahl der Bewertungen spielt also für viele Verkäufer, aber auch für Käufer bei eBay eine große Rolle.

Auch wenn die meisten gewerblichen Verkäufer natürlich wissen, dass die Anzahl der Bewertungen nichts über den Erfolg eines Verkäufers aussagt – ich kann 1.000.000 Produkte mit einem Gewinn von je $ 1 verkaufen und stünde besser da, wenn ich 100.000 Produkte mit einem Gewinn von je $ 11 verkaufen würde –, kommt doch auch in Gesprächen unter Verkäufern oft recht schnell die Frage nach der Anzahl der Bewertungen.

Also werfen wir einen Blick auf die Bewertungen unserer drei Gruppen.

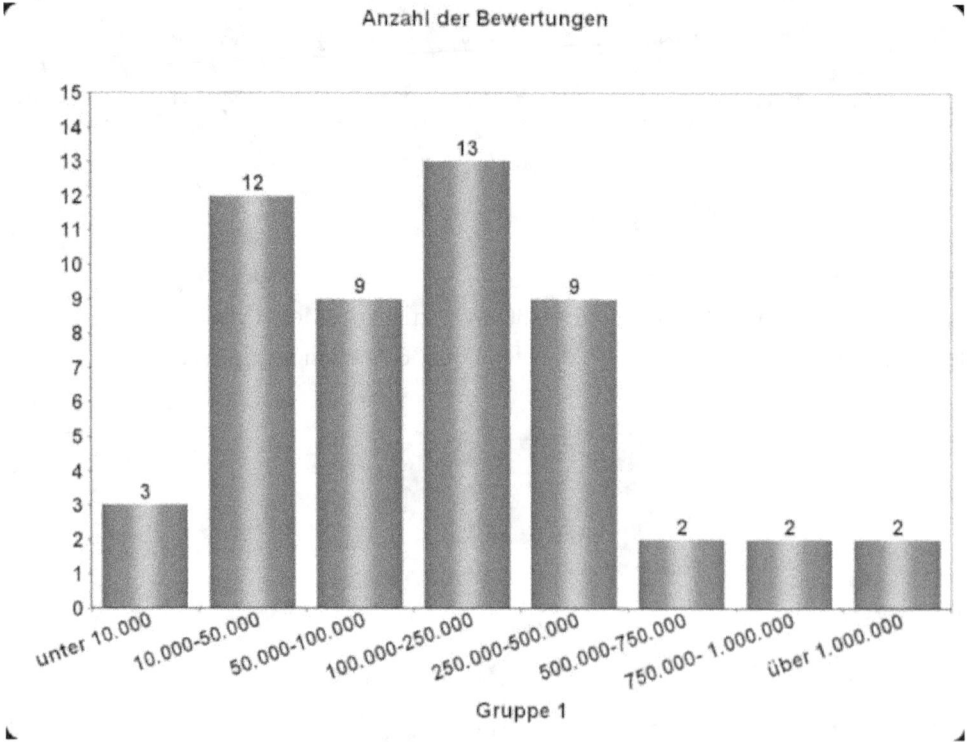

Insgesamt haben die 143 analysierten Verkäufer in den Gruppen 1-3 bei eBay fast 47 Millionen Bewertungen erhalten, davon entfallen knapp zwölf Millionen Bewertungen auf die Gruppe 1, knapp 17,5 Millionen Bewertungen auf die Gruppe 2 und knapp 31,5 Millionen Bewertungen auf die Gruppe 3 (von denen 14 Millionen Bewertungen in der Gesamtübersicht abgezogen werden müssen, da sie bereits in den Gruppen 1 und 2 gezählt wurden).

In der Gruppe 1, der Gruppe der Verkäufer, die im Monat zwischen $ 500.000 bis $ 1.000.000 Umsatz machen, haben die meisten Verkäufer zwischen 100.000 und 250.000 Bewertungen.

Aber wie man hier schön sehen kann, kann man auch durchaus mit weniger als 10.000 Bewertungen einen respektablen Umsatz erzielen. Drei der analysierten Verkäufer haben weniger als 10.000 Bewertungen, schaffen aber trotzdem einen Monatsumsatz von mehr als $ 500.000. Zwölf weitere Verkäufer liegen zwischen 10.000 und 50.000 Bewertungen, über 500.000 Bewertungen haben nur knapp 11 % der Verkäufer in dieser Gruppe.

Nur 2 Verkäufer dieser Gruppe schaffen es in die Liga der Bewertungsmillionäre und schmücken ihr Profil mit der silbernen Sternschnuppe.

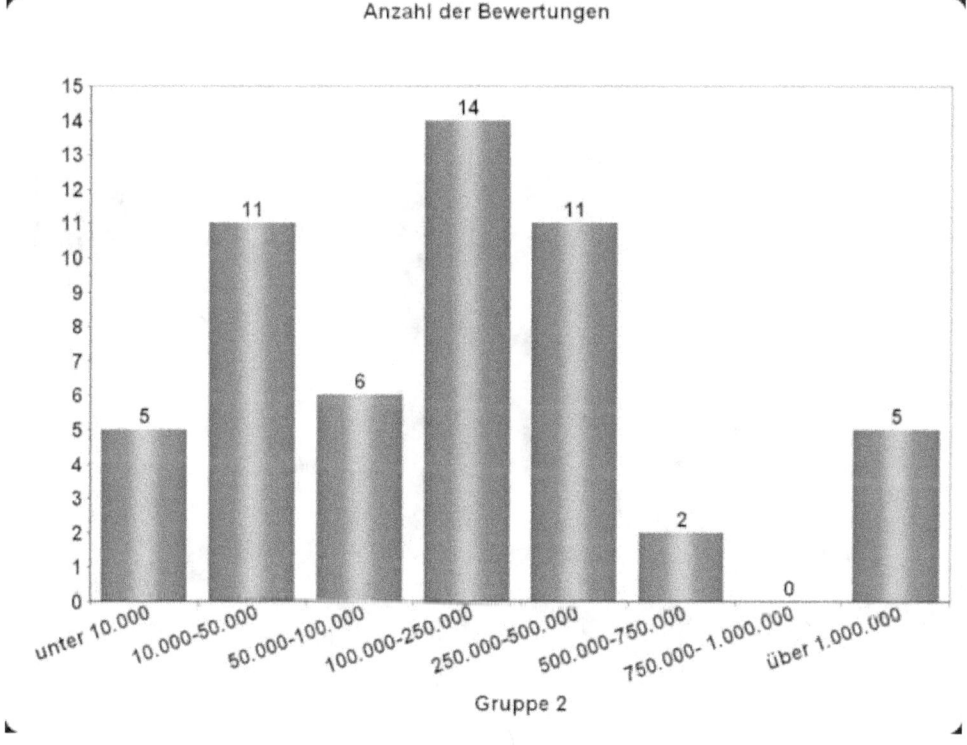

Ein ähnliches Ergebnis sehen wir in der Gruppe 2, der Gruppe, der Verkäufer, die bei eBay im Monat mehr als $ 1.000.000 Umsatz machen.

Gleich fünf Verkäufer dieser Gruppe haben weniger als 10.000 Bewertungen, obwohl sie zu den umsatzstärksten Verkäufern bei eBay.com zählen. Elf Verkäufer haben zwischen 10.000 und 50.000 Bewertungen und auch die Anzahl der Verkäufer, die zwischen 50.000 und 100.000 Bewertungen liegen, ist in Anbetracht des Umsatzes mit sechs Verkäufern relativ hoch. Insgesamt haben knapp

42 % der Verkäufer in dieser Gruppe weniger als 100.000 Bewertungen und realisieren dabei einen monatlichen Umsatz von mehr als $ 1.000.000.

Fünf Verkäufer aus dieser Gruppe sind nicht nur eBay-Umsatzmillionäre – sie schaffen es auch in die Liga der Bewertungsmillionäre und sind stolze Träger der silbernen Sternschnuppe.

Erwartungsgemäß verschieben sich die Ergebnisse in der Gruppe 3, der Gruppe der Verkäufer, die bei eBay mehr als 30.000 Artikel verkaufen, nach oben.

Hier kann man fast von einem Sternschnuppenregen sprechen, denn 25 % der Verkäufer aus dieser Gruppe tragen die begehrte silberne Sternschnuppe.

Dennoch ist auch hier die Gruppe der Verkäufer, die zwischen 100.000 und 250.000 Bewertungen haben, am größten.

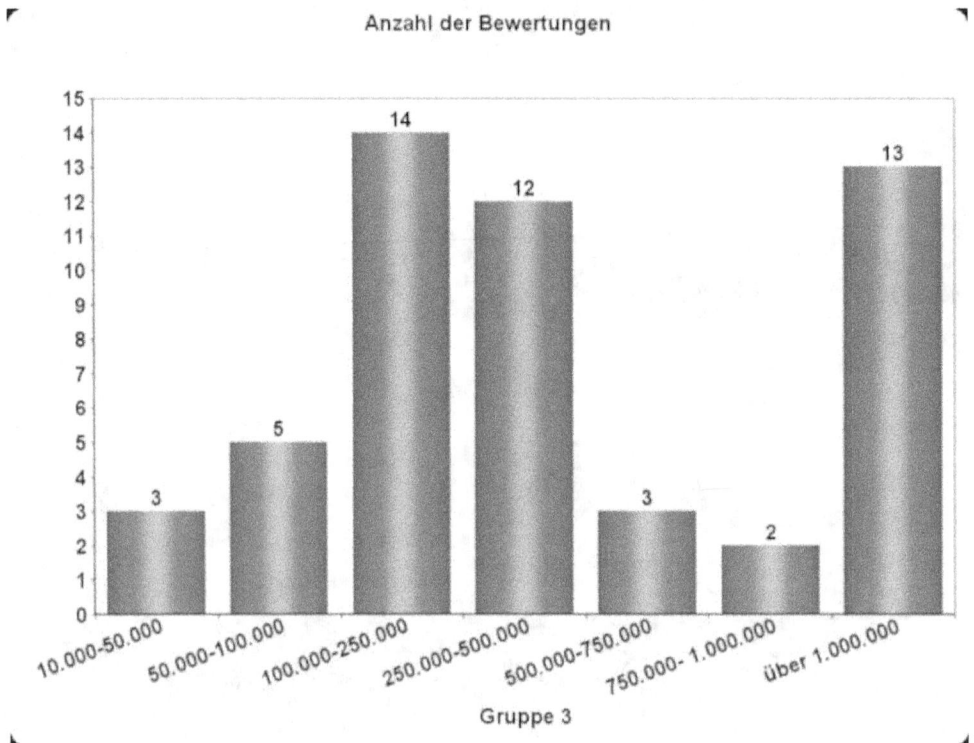

Bei dieser Gruppe erkennt man jedoch auch, dass viele eBay-Transaktionen gar nicht bewertet werden, sonst müssten die Zahlen im Bereich bis 100.000 Bewertungen niedriger liegen.

Bewertungsprofile

Im Durchschnitt liegt das Bewertungsprofil in der Gruppe 1 bei 99,38 %, in der Gruppe 2 liegt das durchschnittliche Bewertungsprofil bei 99,2 % und in der dritten Gruppe liegt es bei 99,05 %.

Verkäufer mit Top-Bewertung

Wie schlagen sich die verschiedenen Gruppen bei der Auszeichnung zum Verkäufer mit Top-Bewertung?

Hier müssen bei eBay.com neben einem schnellen Versand, strenge Kriterien bei den detaillierten Verkäuferbewertungen (DSR) erfüllt werden. So dürfen z. B. nur weniger als 2 % der Transaktionen eine detaillierte Verkäuferbewertung von weniger als drei Sternen im Bereich „Artikel wie beschrieben" erhalten und auch jede neutrale oder negative Bewertung fließt negativ in die Berechnung des Verkäuferstatus mit ein. Verkäufer, die die eBay-Anforderungen erfüllen und als Verkäufer mit Top-Bewertung ausgezeichnet werden, werden u. a. mit einem Rabatt von 20 % auf die Verkaufsprovision belohnt und sie werden in der eBay-Suche prominenter platziert.

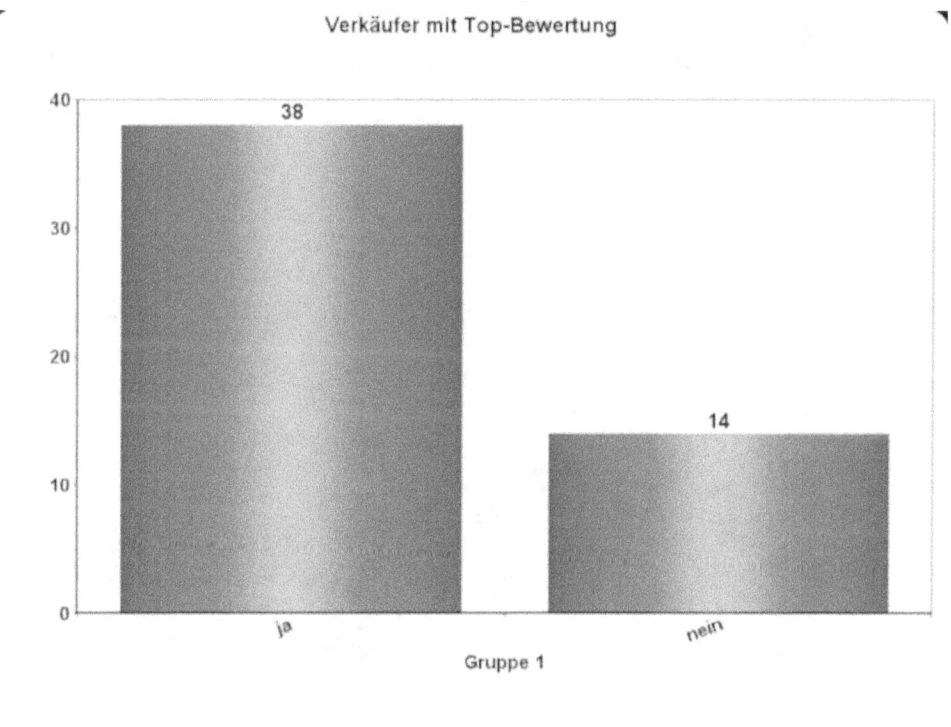

In der Gruppe 1, also bei den Verkäufern mit einem Umsatz zwischen $ 500.000 und $ 1.000.000, gehören knapp 73 % zu den Verkäufern mit Top-Bewertung, bei der Gruppe 2, den Verkäufern, die mehr als $ 1.000.000 Umsatz im Monat machen, sind es knapp 74 %.

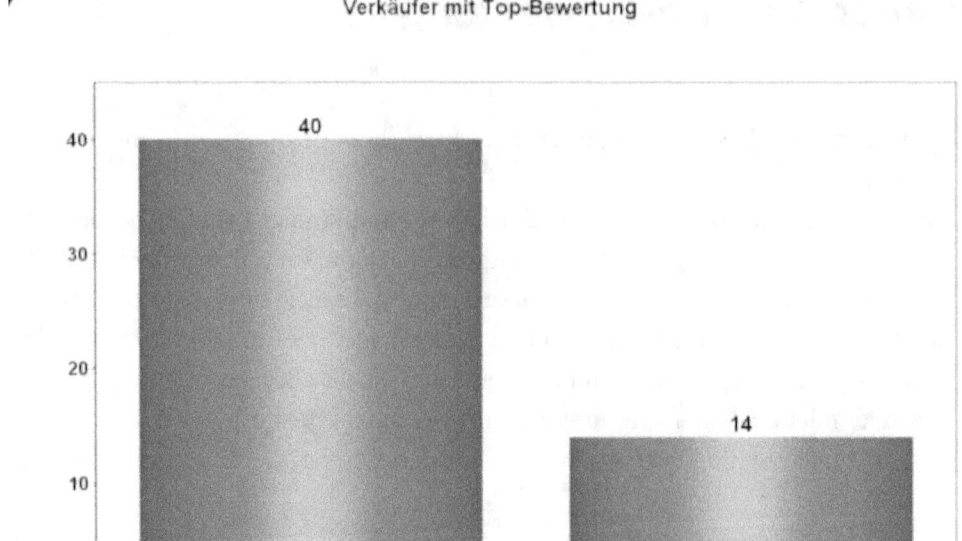

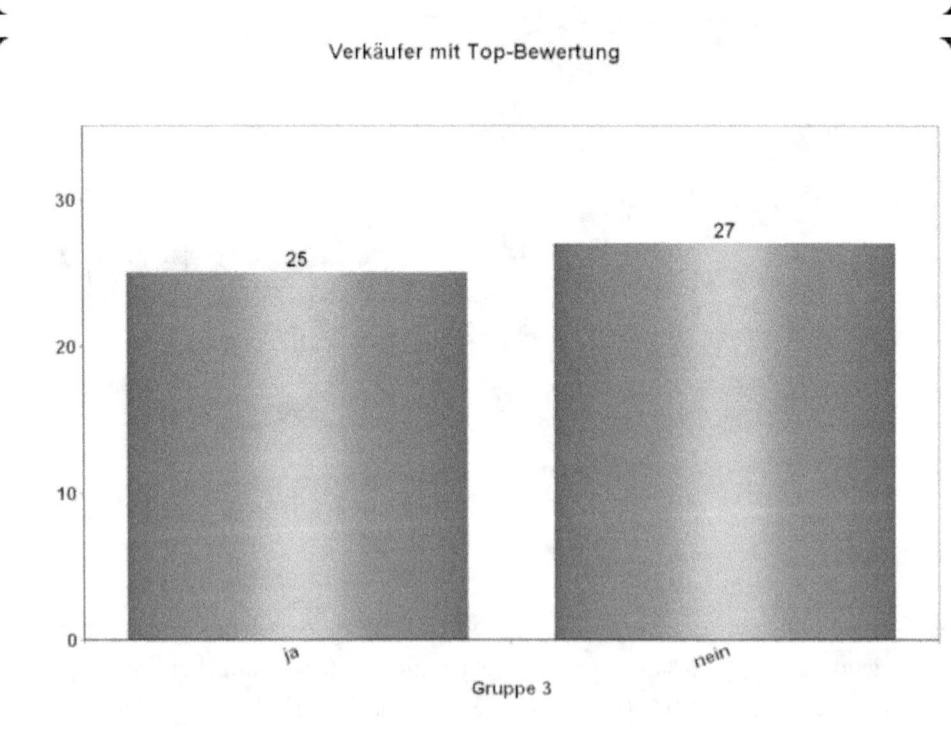

Anders sieht es bei der Gruppe der Verkäufer aus, die bei eBay Masse zu oft kleinen Preisen durchreichen.

Hier sind weniger als 50 % Verkäufer mit Top-Bewertung.

Diese Auswertungen verdeutlichen, dass der Status des Verkäufers mit Top-Bewertung, der bessere Positionierungen bei der eBay-Suche verspricht, nicht zwangsläufig nötig ist, um bei eBay.com in die Liga der Umsatzmillionäre oder in die Liga der High Volume Seller aufzusteigen.

Mitgliedsland

Es wird viel über die chinesische Invasion bei eBay gesprochen, aber wie sehen die Zahlen in den Gruppen der Verkäufer aus, die hohe Umsätze bei eBay.com generieren oder bei eBay.com viele Artikel verkaufen?

In der Gruppe der Verkäufer, die einen Umsatz zwischen $ 500.000 und $ 1.000.000 bei eBay realisieren, sind nur knapp 11,5 % der Verkäufer aus dem Ausland. Es sind bei 52 analysierten Verkäufern gerade einmal sechs Verkäufer, die aus dem Ausland bei eBay.com verkaufen.

Einer davon verkauft seine Artikel bei eBay.com von Japan aus, ein anderer aus Großbritannien, drei aus China und einer aus Hongkong.

Die Gruppe der Verkäufer, die bei eBay.com mehr als $ 1.000.000 Umsatz machen, stammt zu 100 % aus den USA.

In diesen beiden Gruppen kann man also nicht von einer chinesischen Invasion sprechen.

Erwartungsgemäß sieht es bei der Gruppe der Verkäufer, die mehr als 30.000 Artikel im Monat verkaufen, ganz anders aus:

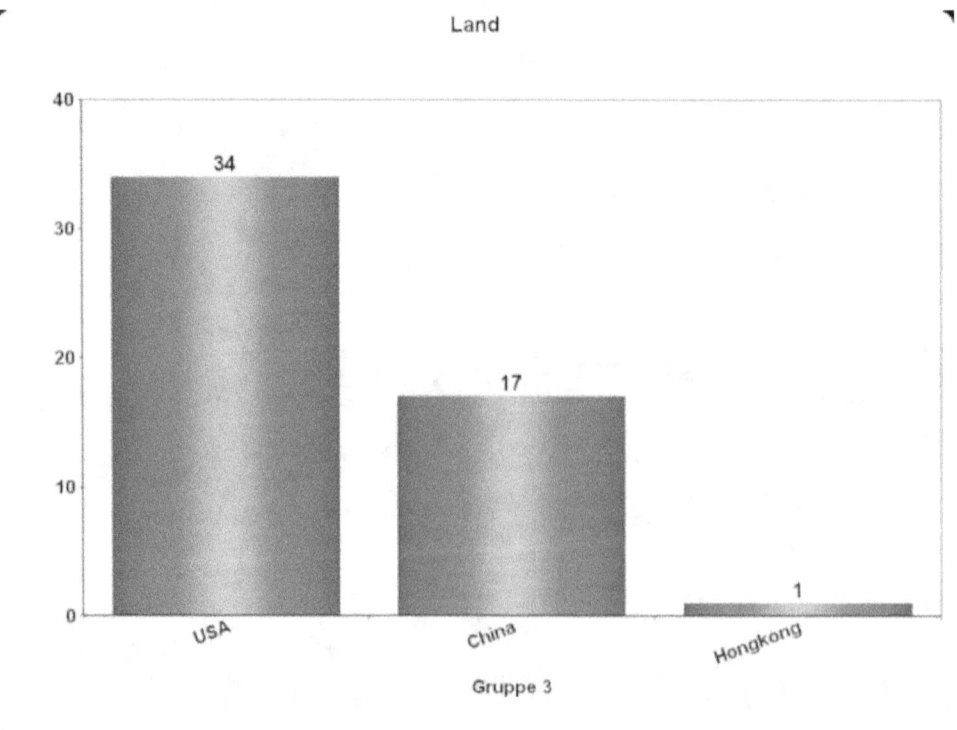

In dieser Gruppe sind bereits mehr als 34 % der Verkäufer aus Asien und vermutlich wird diese Zahl bis zur nächsten Auswertung steigen. Man darf in diesem Fall nicht unterschätzen, dass von dieser recht kleinen Gruppe insgesamt mehr als 2,5 Millionen Artikel im Monat bei eBay.com verkauft worden sind. Das sind ca. 37 % mehr Artikel, als die Gruppen 1 und 2 zusammen verkaufen. Hier ist die Präsenz der chinesischen Verkäufer also deutlich zu sehen und hinterlässt durch die Menge der (oft zu Dumpingpreisen) verkauften Artikel auch Spuren auf dem eBay-Marktplatz.

Template

Recht erstaunt hat mich die Auswertung der Templates, denn hier ist doch noch ein recht hohes Optimierungspotenzial vorhanden.

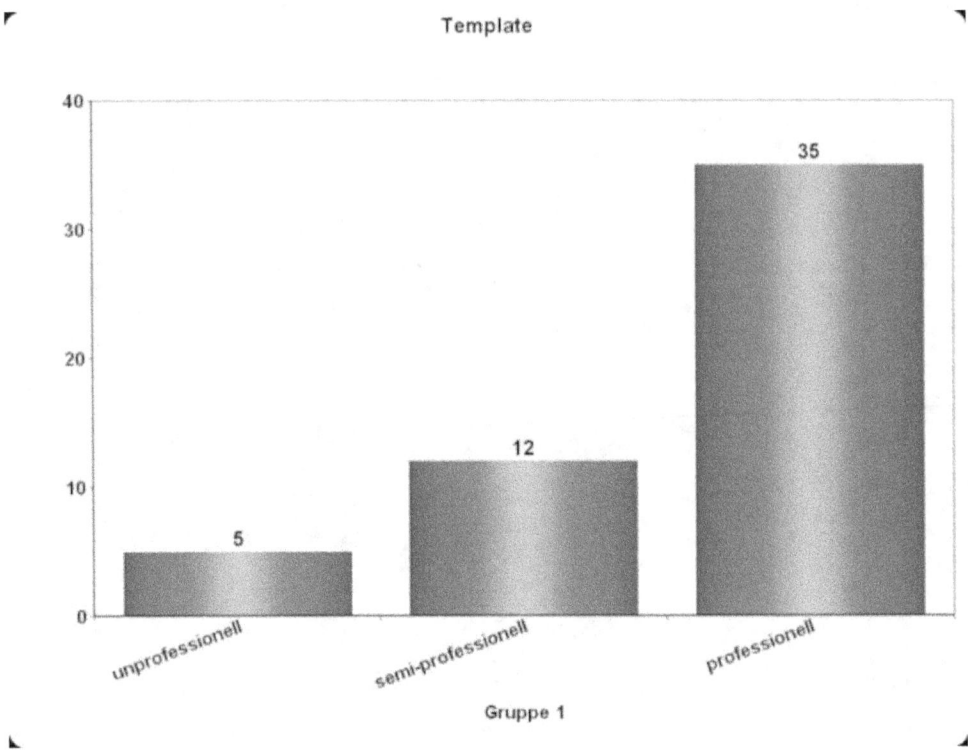

So verfügen in der Gruppe 1 „nur" 67 % der analysierten Verkäufer über ein professionelles Template, 33 % der Templates in dieser Gruppe sind unprofessionell oder semi-professionell.

Ich möchte keinen der analysierten Verkäufer an den Pranger stellen, wenn Sie sich die Angebote der analysierten Verkäufer ansehen, werden Sie die Unterschiede feststellen können.

Unprofessionelle Templates sind Templates der allerersten eBay-Generation – Templates ohne Bilder, in verschiedenen (bunten) Schriftarten, Templates, die schon seit Jahren out sind.

Semi-professionelle Templates sind Templates, die über kein oder kein sinnvolles Cross-Selling verfügen und in der Regel mithilfe der eBay-Angebotsvorlage oder ähnlichen Vorlagen erstellt worden sind.

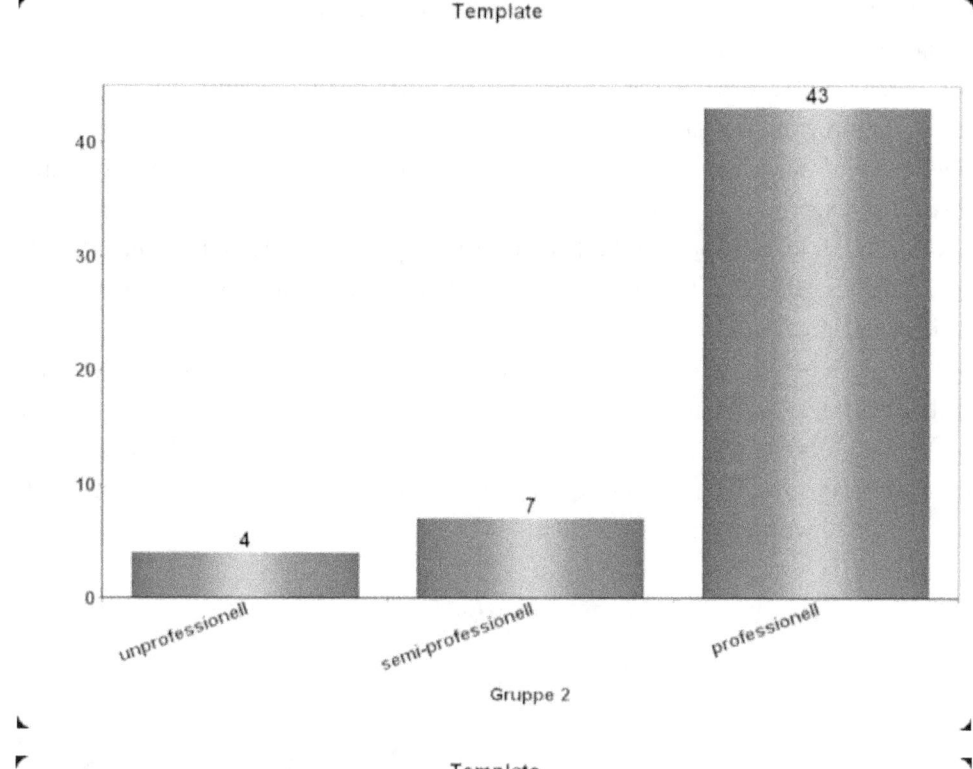

Gruppe 2

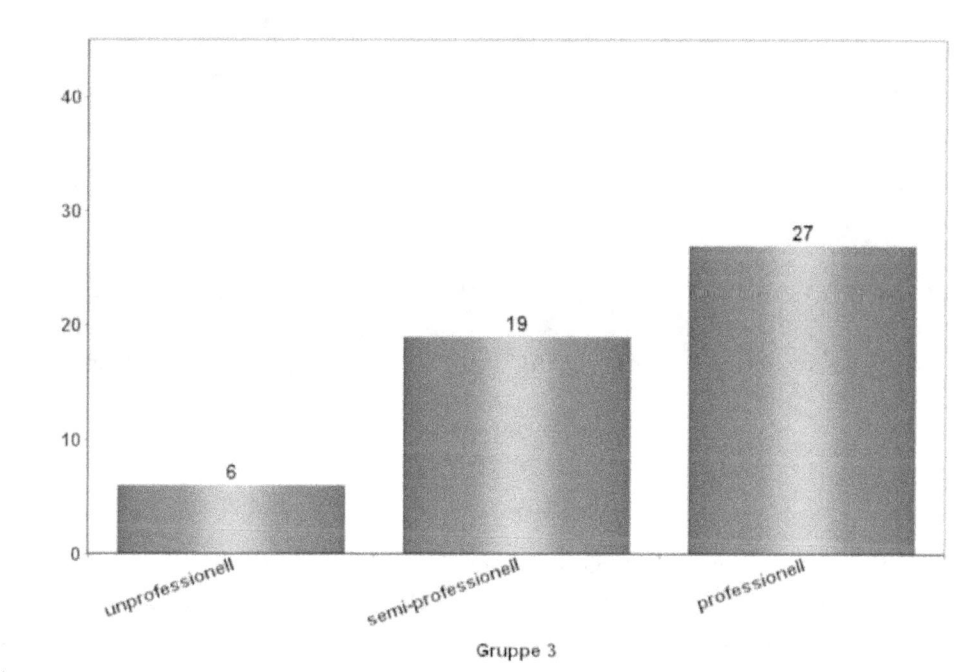

Gruppe 3

In der zweiten Gruppe sieht es etwas besser aus. Hier verfügen fast 80 % der Verkäufer über ein professionelles eBay-Template, aber auch hier gibt es Erstaunliches zu entdecken. So nutzt ein Verkäufer dieser Gruppe fast ausschließlich die reinen Katalogdaten und verbaut sich damit jede Möglichkeit zur individuellen Abgrenzung von seinen Wettbewerbern.

Weniger erstaunt war ich bei der Gruppe 3, der Gruppe der Verkäufer, die bei eBay mehr als 30.000 Artikel verkaufen.

Hier verfügen nur knapp 52 % der Verkäufer über ein professionelles Template, aber hier wird der Umsatz sehr oft über den Preis gemacht und für die Verkäufer spielt das Template dabei vermeintlich keine große Rolle.

Das könnte nach meiner Einschätzung ein verhängnisvoller Irrtum sein, denn gerade, wenn ich Artikel mit geringen Margen verkaufe, liegt mir daran, dass der Käufer, wenn er schon einmal einkauft, mehr als nur einen Artikel kauft und ein gutes Cross-Selling wäre dabei hilfreich.

Sieht man sich alle drei Gruppen an, ergibt sich folgendes Bild (Überschneidungen von Gruppe 1 und 2 in Gruppe 3 wurden nur 1 x gezählt):

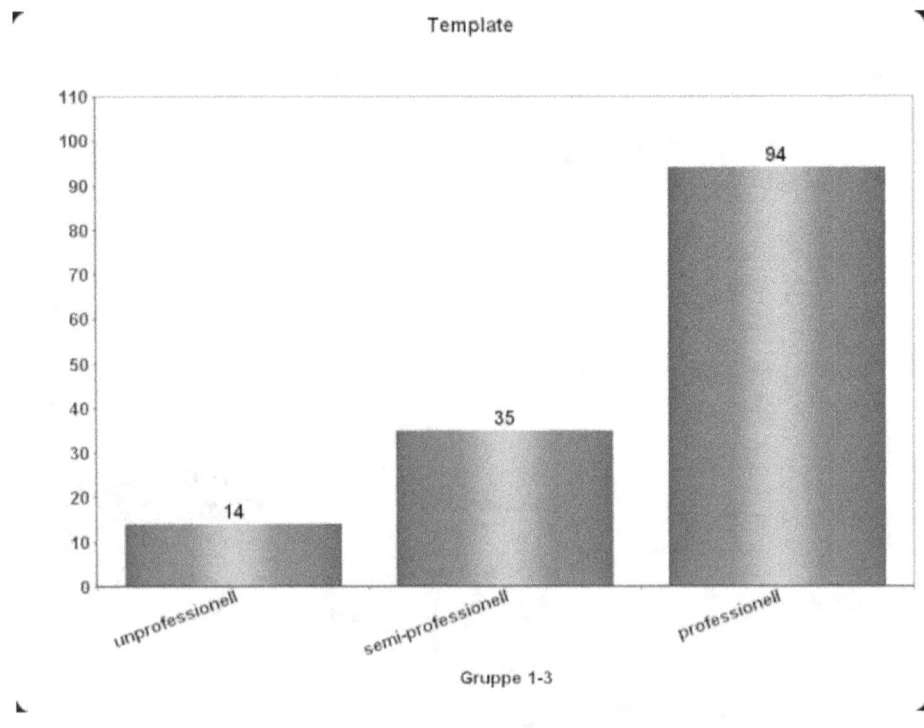

Diese Grafik zeigt, dass nur knapp 65 % der Verkäufer insgesamt in ein professionelles Template investiert haben und der restliche Teil der Verkäufer seine Umsätze bzw. die Anzahl der verkauften Artikel möglicherweise steigern könnte, wenn die Verkäufer wenigstens ein sinnvolles Cross-Selling einsetzen würden.

Umsatz

Lassen Sie uns einen Blick auf die Umsatzzahlen werfen.

Unsere 143 Händler haben bei eBay.com im analysierten Zeitraum von 30 Tagen einen Umsatz von insgesamt knapp 163,4 Millionen Dollar erzielt.

Die Gruppe 1 war mit einem Umsatz von knapp 37,7 Millionen Dollar am Gesamtumsatz beteiligt, auf die Gruppe 2 entfiel ein Gesamtumsatz von knapp 118 Millionen Dollar und die Gruppe 3 trug mit einem Umsatz von 41,4 Millionen zum Gesamtergebnis bei. Bei der Betrachtung des Gesamtumsatzes wurden in Gruppe 3 wieder 15 Händler mit einem Umsatz von knapp 33,6 Millionen Dollar abgezogen, weil sie bereits in Gruppe 1 und 2 gezählt wurden.

Hier die einzelnen Gruppen in der Übersicht:

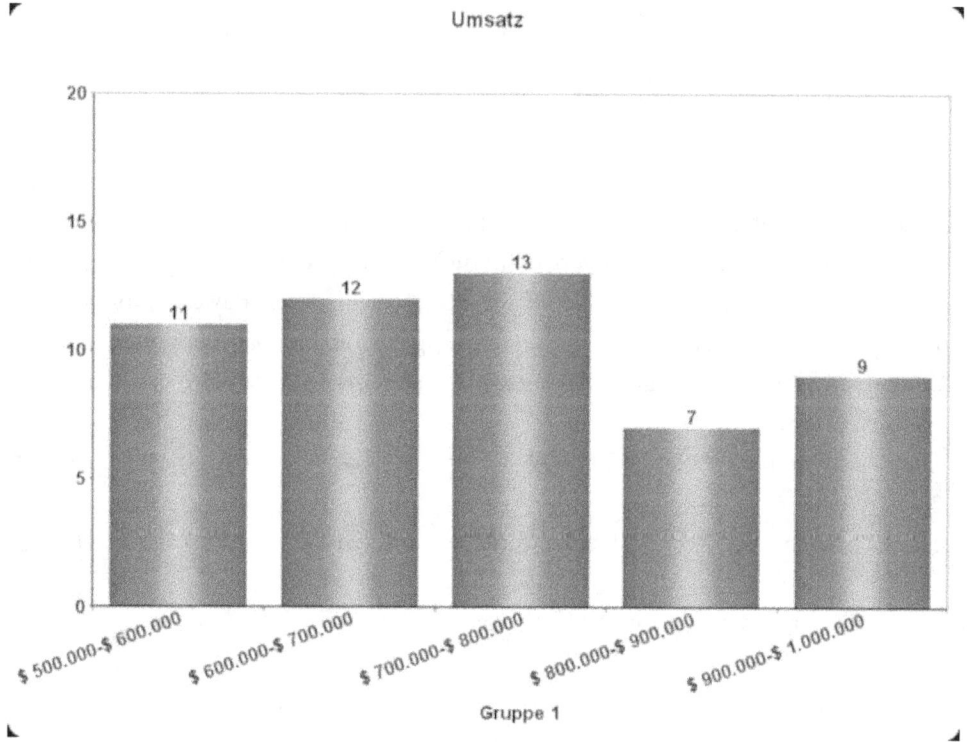

Knapp 17 % der Verkäufer in Gruppe 1 setzen bereits zum Sprung in die nächste Dimension an und stehen kurz davor, die magische Grenze von mehr als $ 1.000.000 Umsatz pro Monat zu knacken.

Insgesamt sind die Umsätze in dieser Gruppe recht ausgeglichen verteilt.

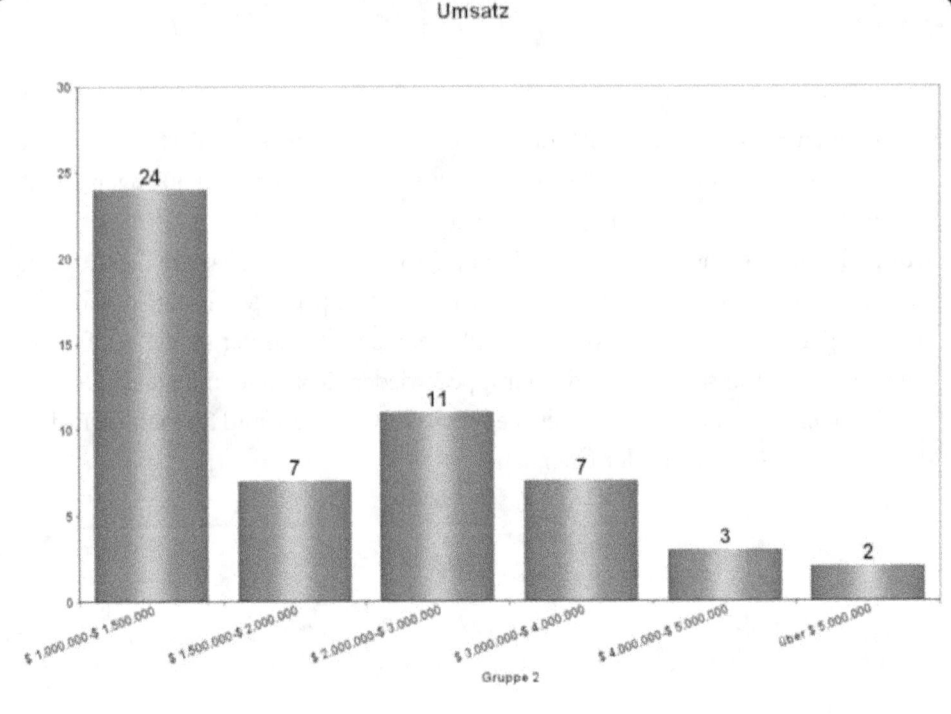

Die Umsätze der zweiten Gruppe dürften vor allem bei denjenigen, die eBay längst abgeschrieben haben, für Erstaunen sorgen, denn mehr als 60 % der Verkäufer in dieser Gruppe erwirtschaften nicht nur mehr als $ 1.000.000 Umsatz pro Monat bei eBay.com, sondern mehr als $ 2.000.000. Die beiden Spitzenverkäufer in dieser Gruppe sind die eBay-Verkäufer „bluetek" und „altatac", die im analysierten Zeitraum beide jeweils einen Umsatz von mehr als $ 6.000.000 im Monat generiert haben.

Da beide Verkäufer auch mehr als 30.000 Artikel pro Monat verkaufen, sind sie auch in der Gruppe 3 vertreten.

Wie sieht es insgesamt in der Gruppe der Verkäufer aus, die bei eBay.com am meisten verkaufen?

Acht der Verkäufer in der Gruppe der High Volume Seller haben mehr als 30.000 Artikel verkauft und dabei weniger als $ 100.000 Umsatz im Monat generiert.

Elf gehören immerhin in Gruppe 2, denn sie verkaufen nicht nur viele Artikel, sondern erwirtschaften auch einen respektablen Umsatz von mehr als $ 1.000.000.

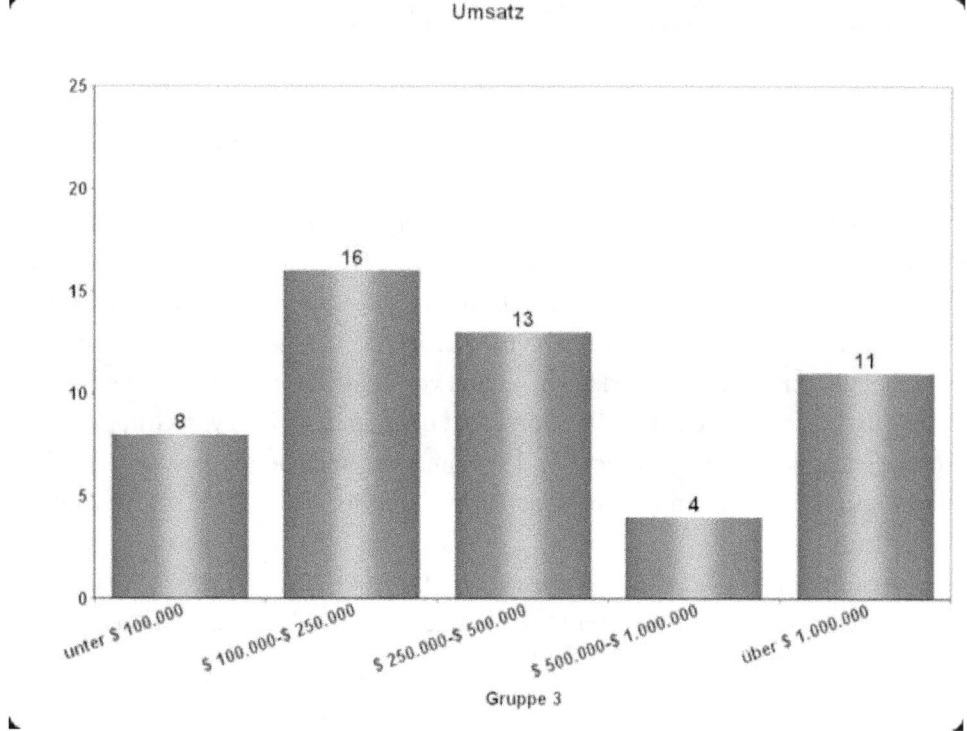

Durchschnittlicher Verkaufspreis

Im Zusammenhang mit den Umsätzen sind natürlich auch die durchschnittlichen Verkaufspreise interessant.

In der Gruppe 1 liegt der durchschnittliche Verkaufspreis pro Artikel bei $ 212,75, in der Gruppe 2 liegt der durchschnittliche Verkaufspreis bei $ 3.247,63, allerdings tragen hier vier Verkäufer mit außergewöhnlich hohen durchschnittlichen Verkaufspreisen zwischen $ 8.658 und $ 122.970 maßgeblich zu dem hohen Durchschnittspreis bei.

Lässt man diese vier „Ausnahmeverkäufer" außen vor, relativiert sich der durchschnittliche Verkaufspreis in dieser Gruppe auf $ 235,90 und liegt damit in der Nähe von Gruppe 1.

In Gruppe 3 liegt der durchschnittliche Verkaufspreis nur noch bei $ 16,69.

Insgesamt liegt der durchschnittliche Verkaufspreis in Gruppe 1 bei 57 % der Verkäufer bei unter $ 100.

30 % liegen immerhin in dem Bereich zwischen $ 100 und $ 500, darüber wird die Luft in dieser Gruppe dünn. Nur 11 % aus dieser Gruppe liegen bei dem durchschnittlichen Verkaufspreis über $ 1.000.

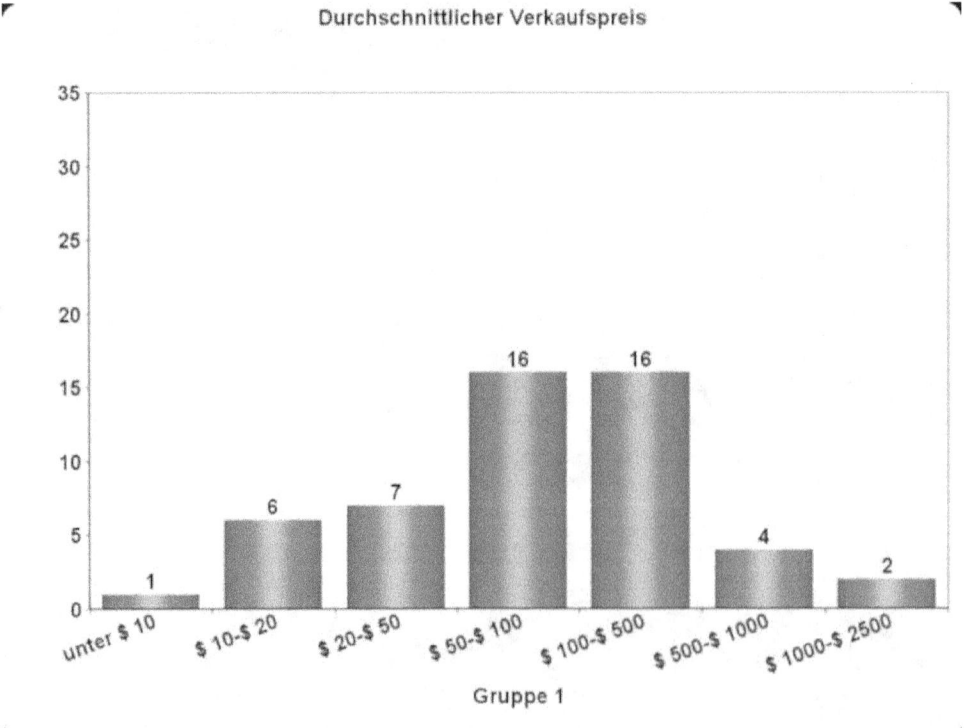

In dieser Gruppe liegt der niedrigste Durchschnittspreis bei $ 5,24, der höchste Durchschnittspreis liegt bei $ 2.053.

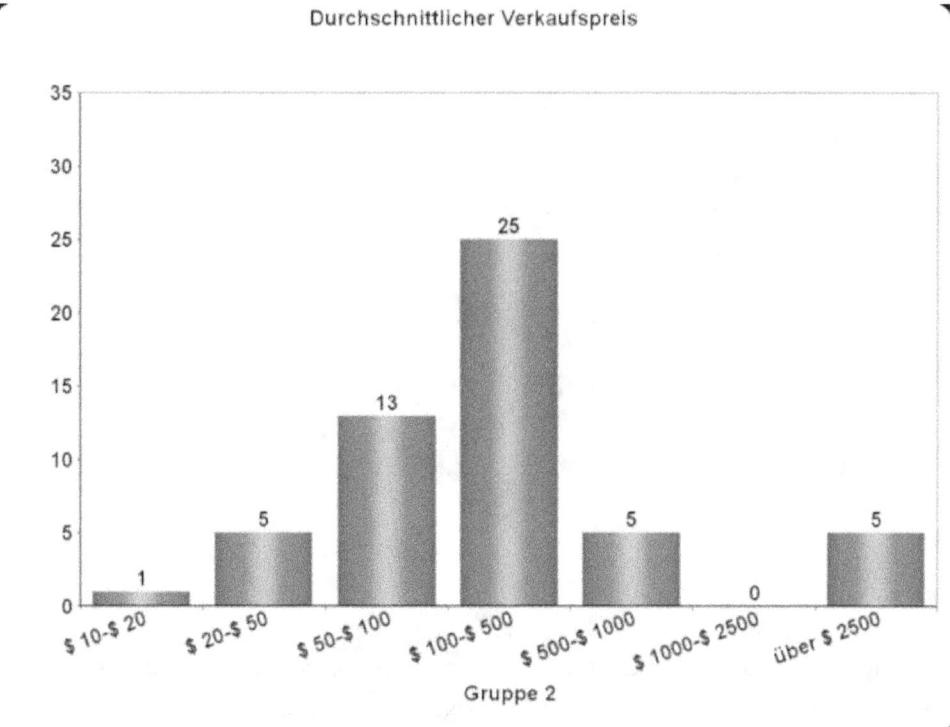

Auch in der zweiten Gruppe zeigt sich ein ähnliches Bild, auch wenn diese Gruppe mehr als $ 1.000.000 im Monat generiert.

Der stärkste Bereich ist der Bereich zwischen $ 100 und $ 500, in dem sich knapp 46 % der Verkäufer aus dieser Gruppe bewegen.

Aber auch hier schaffen nur weniger als 10 % einen durchschnittlichen Verkaufspreis von mehr als $ 1.000.

Der Verkäufer mit dem niedrigsten Durchschnittspreis liegt bei $ 22,15, der Verkäufer mit dem höchsten Durchschnittspreis bei $ 122.970.

Fast schon erschreckend sieht es in der Gruppe 3 aus.

Bei über 30.000 verkauften Artikeln im Monat liegt der durchschnittliche Verkaufspreis bei knapp 61 % der Verkäufer bei unter $ 10.

Davon müssen eBay und Paypalgebühren, die Ware, Versandmaterial und oft sogar die Versandkosten sowie die Mitarbeiter bezahlt werden, denn in einer One-Man-Show kann man täglich nicht mindestens 1.000 Artikel verschicken.

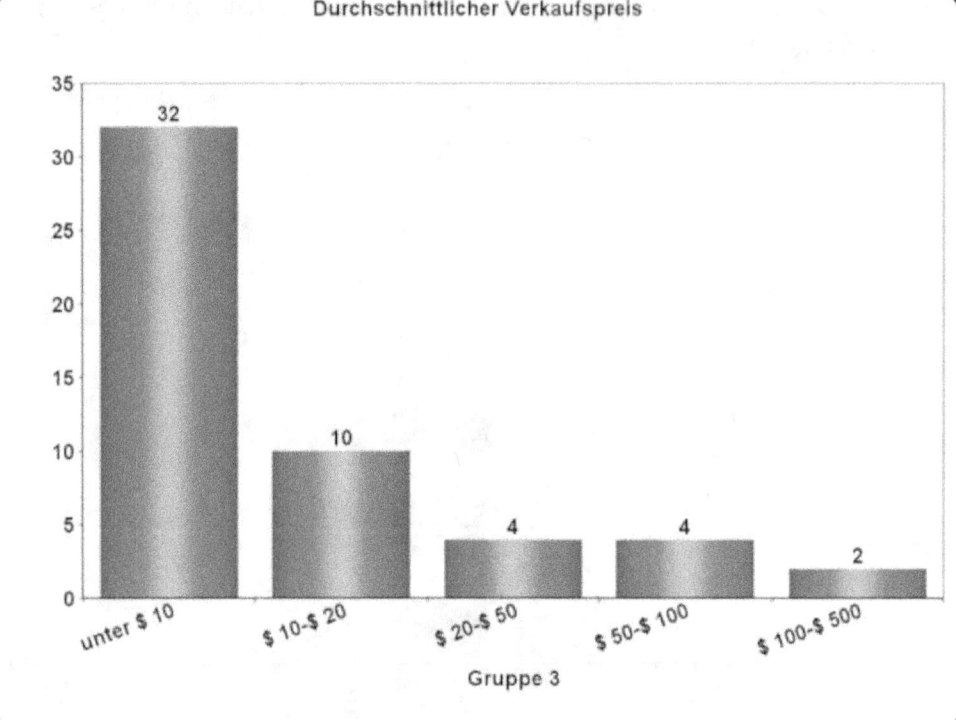

Der niedrigste Durchschnittspreis in dieser Gruppe liegt bei $ 0.76 – ein Durchschnittspreis, der sich nicht rechnen kann –, der höchste Preis liegt bei $ 137,22.

Bei den Zahlen verwundert es nicht, dass die Präsenz der chinesischen Händler in dieser Gruppe recht stark ist.

Gesamtanzahl der eingestellten Artikel

In der Gesamtzahl der eingestellten Artikel der drei Gruppen zeigt sich, wie dominant diese drei Gruppen auf dem eBay.com-Marktplatz sind.

Die Gesamtzahl der eingestellten Artikel bedeutet, wenn ein Verkäufer z. B. ein Angebot bei eBay mit einer verfügbaren Anzahl von zehn Artikeln erstellt, wäre in diesem Fall die Gesamtzahl zehn, auch wenn er nur ein Angebot eingestellt hat.

Insgesamt haben diese 143 Verkäufer (15 sind in der Gruppe 3 abgezogen, weil sie bereits in den Gruppen 1 und 2 gezählt wurden) eine unglaubliche Anzahl von 446.117.842 Artikeln bei eBay.com eingestellt.

47 % davon entfallen auf die Gruppe 3, die Gruppe 2 stellt knapp 31 % und das Schlusslicht bildet Gruppe 1 mit knapp 22 %.

Hier die detaillierten Auswertungen der Gruppe 1:

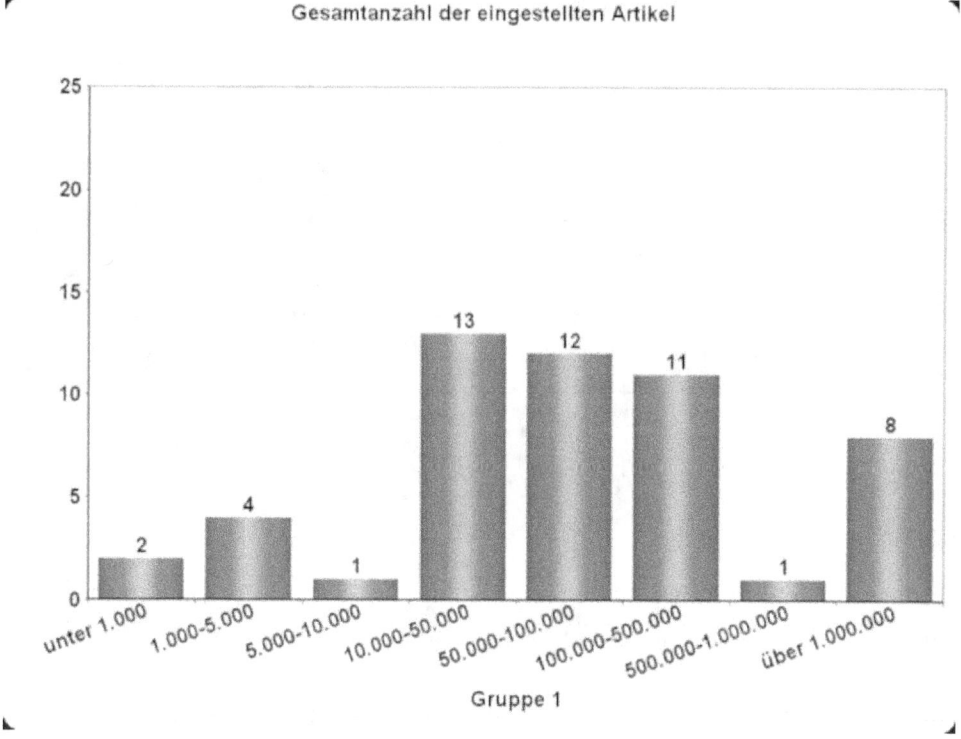

Nur zwei Verkäufer der Gruppe 1 bieten insgesamt weniger als 1.000 Artikel bei eBay.com zum Verkauf an, am anderen Ende der Skala finden sich acht Verkäufer, die mehr als 1.000.000 Artikel bei eBay.com zum Verkauf anbieten.

Im Durchschnitt bietet jeder Verkäufer dieser Gruppe rund 1,8 Millionen Artikel bei eBay.com an. Die Spannweite dabei ist enorm und reicht von 780 Artikeln bis hin zu 53 Millionen Artikeln.

In der Gruppe 2 zeigt sich ein ähnliches Bild, auch wenn das Mittelfeld hier etwas ausgeglichener ist.

Hier liegt der Durchschnitt bei 2,6 Millionen angebotenen Artikeln, die ungeheure Spannweite liegt zwischen knapp 170 Artikeln und 90 Millionen angebotenen Artikeln.

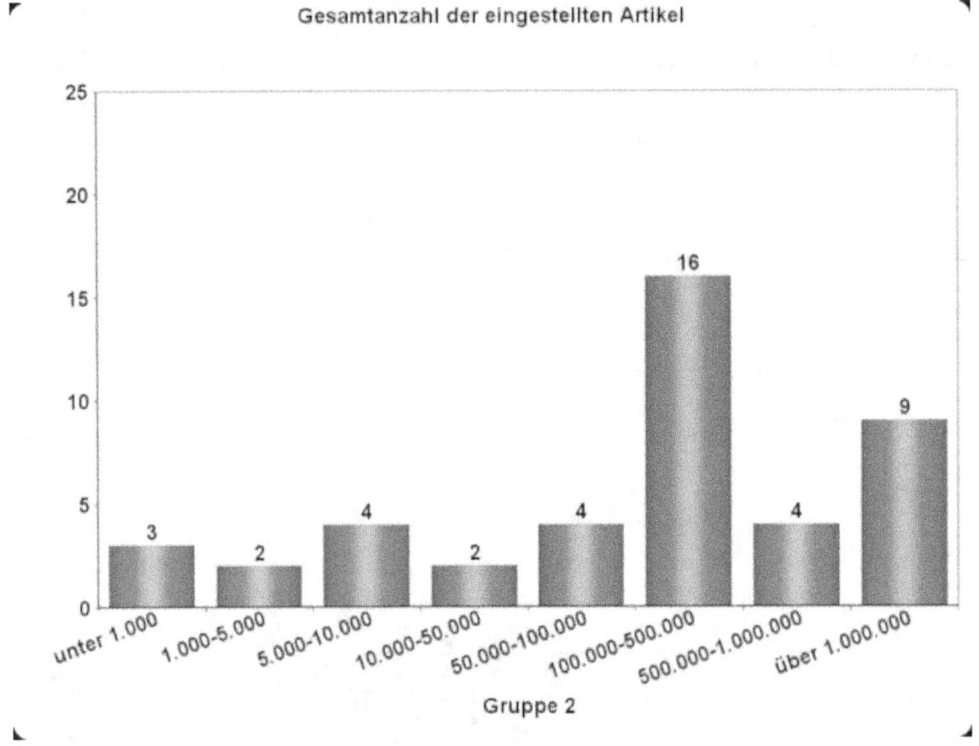

Erwartungsgemäß führt die Gruppe 3 diesen Bereich mit gleich 16 Verkäufern an, die mehr als 1.000.000 Artikel bei eBay.com zum Verkauf anbieten. Das entspricht rund 30 % der Verkäufer aus dieser Gruppe.

Im Durchschnitt bietet jeder Verkäufer dieser Gruppe vier Millionen Artikel an, aber auch hier zeigt sich eine große Spannbreite zwischen 32.000 und 90 Millionen angebotenen Artikeln.

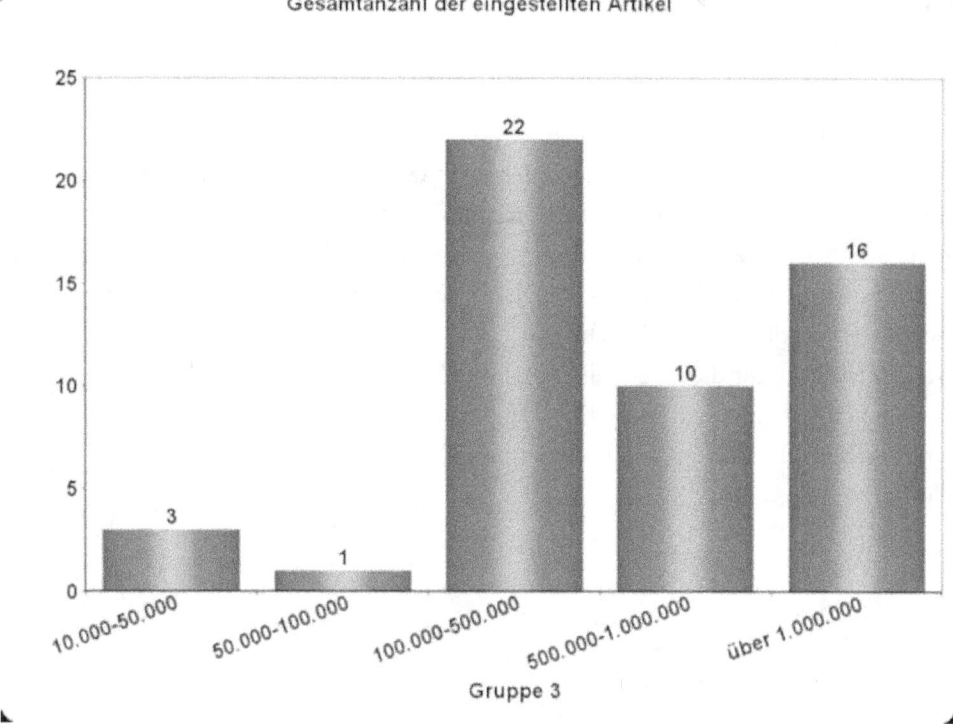

Eingestellte Artikel

Werfen wir nun einen Blick auf die Zahl der eingestellten Artikel.

Wenn wir bei dem obigen Beispiel bleiben, ein Verkäufer also einen Artikel eingestellt hat, von dem er in diesem Angebot zehn Stück zum Verkauf anbietet, dann waren das bei der Gesamtzahl der eingestellten Artikel zehn Stück – bei den eingestellten Artikeln, die wir nun betrachten, zählt nur das Angebot – unabhängig von der Menge der verfügbaren Artikel innerhalb dieses Angebotes – in diesem Fall wäre das also ein Angebot.

Betrachten wir also nur die eingestellten Artikel, dann relativieren sich die obigen Zahlen (Gesamtzahlen der eingestellten Artikel) etwas, übrig bleiben aber noch immer mehr fünf Millionen Angebote, die diese recht überschaubare Zahl von nur 143 Verkäufern bei eBay.com eingestellt hat.

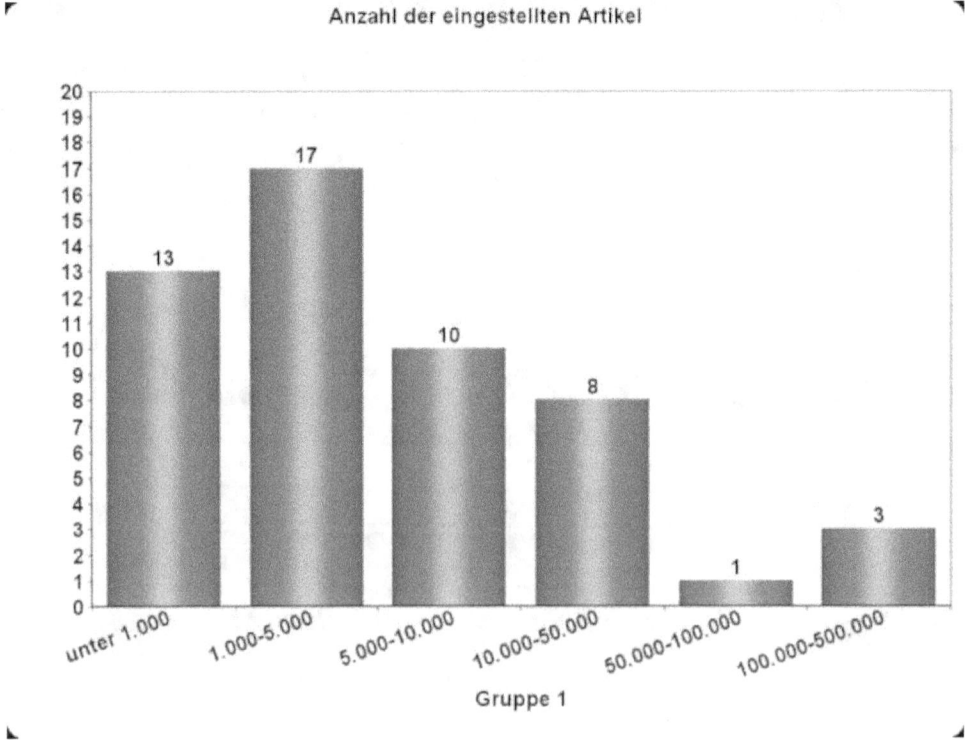

Insgesamt ist die Spanne bei den Verkäufern in Gruppe 1 enorm.

Der Verkäufer, der die wenigsten Artikel in dieser Gruppe eingestellt hat, hat gerade einmal 62 Artikel eingestellt, der Verkäufer mit der höchsten Anzahl der eingestellten Artikel liegt in dieser Gruppe bei 409.600 Artikeln.

Im Durchschnitt haben die Händler aus dieser Gruppe knapp 22.000 Artikel eingestellt.

Knapp 58 % der Verkäufer haben weniger als 5.000 Angebote eingestellt.

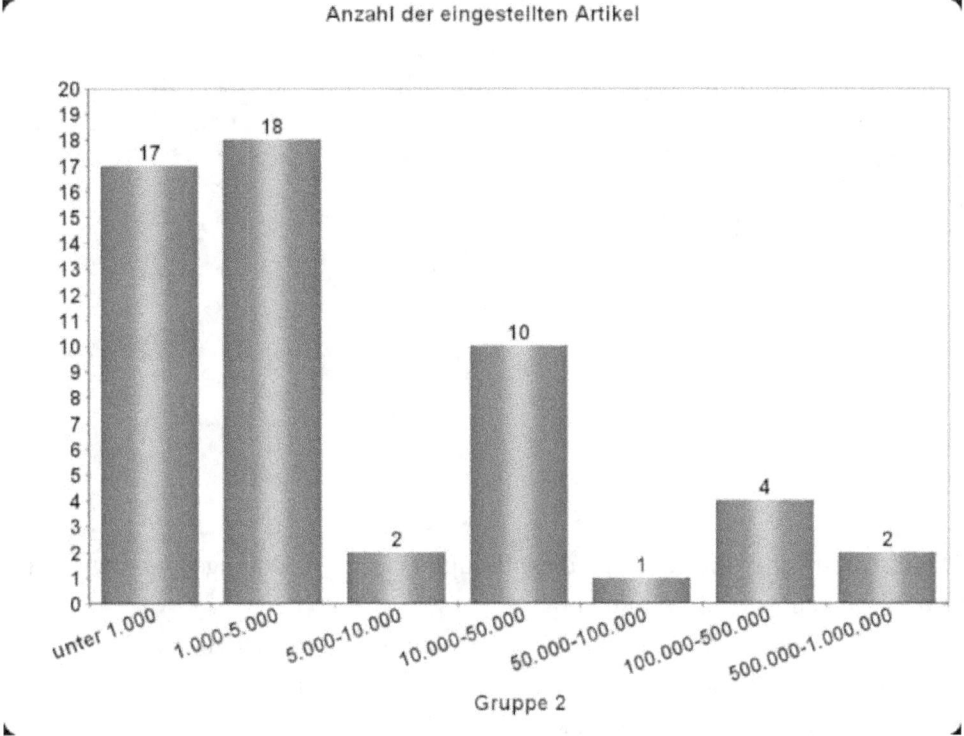

In der zweiten Gruppe zeigt sich ein ähnliches Bild.

64 % der Verkäufer haben bis zu 5.000 Angebote bei eBay.com eingestellt.

Der Durchschnitt liegt bei knapp 43.000 eingestellten Angeboten, die Spannweite liegt dabei zwischen unglaublichen 19 Angeboten und reicht bis hin zu 660.000 eingestellten Angeboten.

Auch in der dritten Gruppe sieht es am Ende der Skala nicht anders aus als in den Gruppen 1 und 2. Nur zwei Verkäufer kommen hier auf mehr als 500.000 Angebote, dafür liegt die Anzahl der eingestellten Angebote der Verkäufer aus dieser Gruppe im Bereich zwischen 100.000 – und 500.000 Angebote höher als die der Verkäufer in den beiden anderen Gruppen.

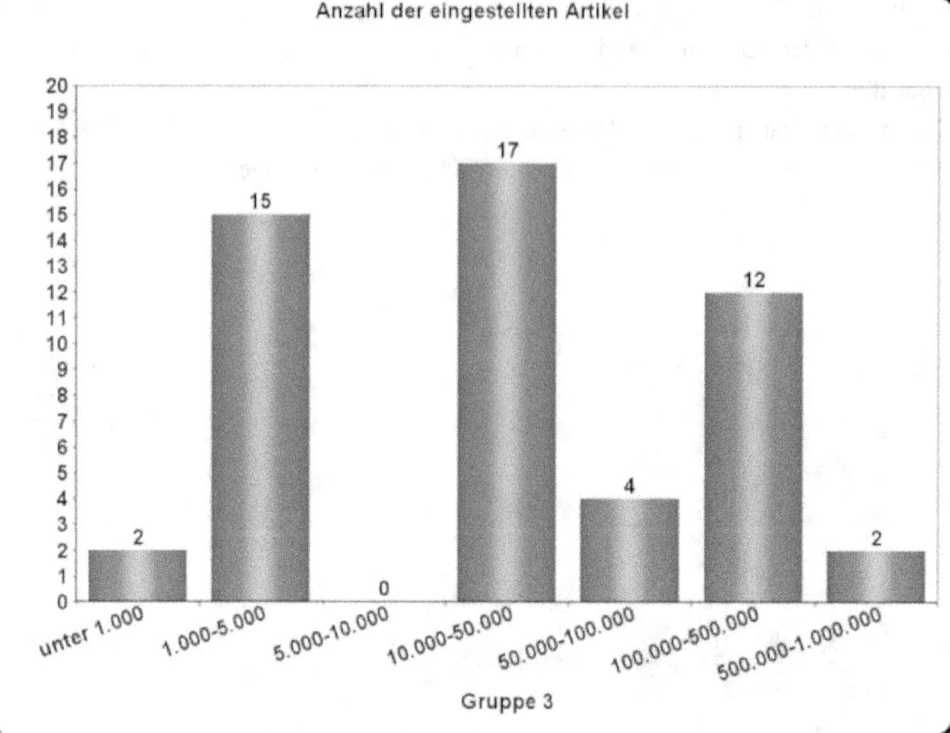

Im Durchschnitt haben die Verkäufer dieser Gruppe knapp 73.500 Angebote eingestellt – also mehr als die Gruppen 1 und 2 zusammen.

Auch hier gibt es natürlich gewaltige Ausschläge nach oben und nach unten – am unteren Ende finden wir einen Verkäufer, der nur 60 Artikel eingestellt hat, während der Verkäufer am oberen Ende bei knapp 665.000 eingestellten Artikeln liegt.

Erfolgreiche Angebote

Insgesamt waren knapp 1,4 Millionen Angebote der drei Gruppen erfolgreich.

Davon entfallen 270.000 Angebote auf die erste Gruppe, danach folgt Gruppe 2 mit knapp 400.000 erfolgreichen Angeboten und die Gruppe 3 stellt knapp eine Million der insgesamt erfolgreichen Angebote. (Bei der Gesamtberechnung wurden wieder die 15 Verkäufer aus Gruppe 3 abgezogen, die bereits in den Gruppen 1 und 2 vertreten waren.)

Betrachtet man die Zahl der eingestellten Angebote, stellt sich gleich im Anschluss die Frage, wie viele der eingestellten Angebote erfolgreich waren und wie viele Artikel die Verkäufer aus diesen Angeboten heraus verkauft haben.

Fangen wir mit den erfolgreichen Angeboten an:

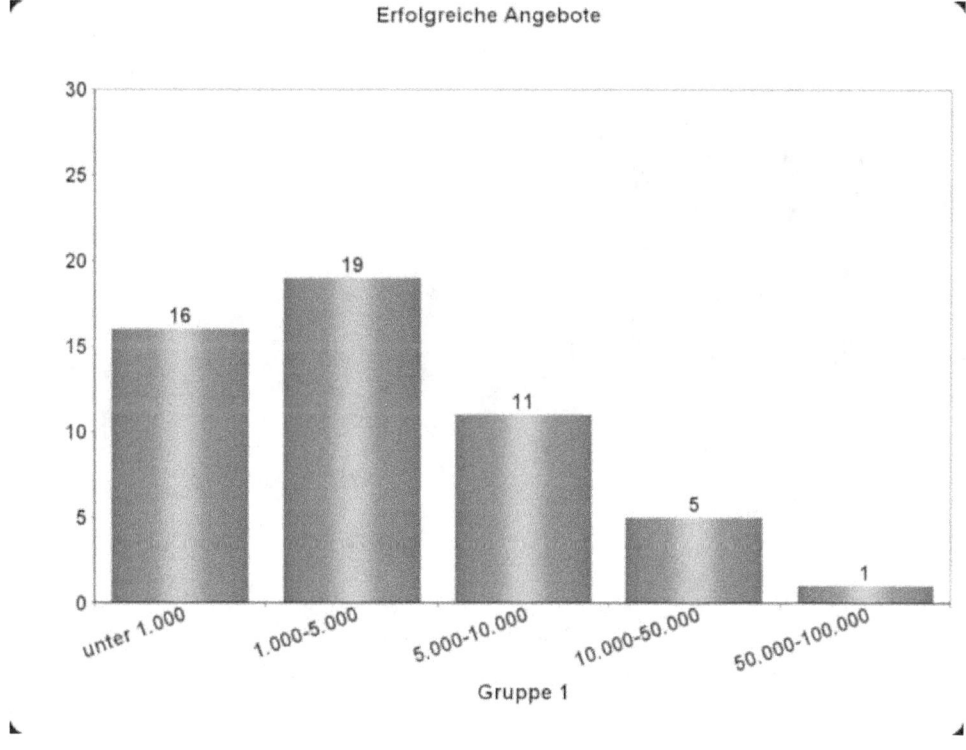

In der Gruppe 1 waren im Durchschnitt knapp 5.200 Angebote erfolgreich, wobei hier ein Verkäufer mit knapp 88.000 erfolgreichen Angeboten das Ergebnis verwässert. Lässt man diesen Verkäufer unberücksichtigt, bleiben durchschnittlich knapp 3.500 erfolgreiche Angebote und das spiegelt sich dann auch in der Grafik wider. Knapp 67 % der Verkäufer liegen im Bereich von bis zu 5.000 erfolgreichen Angeboten, nur einer schafft es über die 50.000 hinaus.

In Gruppe 2 zeigt sich ein ähnliches Bild. Hier liegen 71 % der Verkäufer im Bereich von bis zu 5.000 erfolgreichen Angeboten, allerdings schafft ein Verkäufer es über die Grenze von mehr als 100.000 erfolgreichen Angeboten hinaus.

Im Durchschnitt können die Verkäufer aus der Gruppe 2 knapp 7.400 erfolgreiche Angebote verbuchen, aber auch hier tanzt ein Verkäufer mit 116.000 erfolgreichen Angeboten aus der Reihe. Auf der anderen Seite gibt es einen Verkäufer, der nur 19 und einen weiteren, der nur 34 erfolgreiche Angebote verbuchen kann und so erklären sich die Zahlen in der Grafik, in der der Großteil der Verkäufer im Bereich bis zu 5.000 erfolgreiche Angebote zu finden ist.

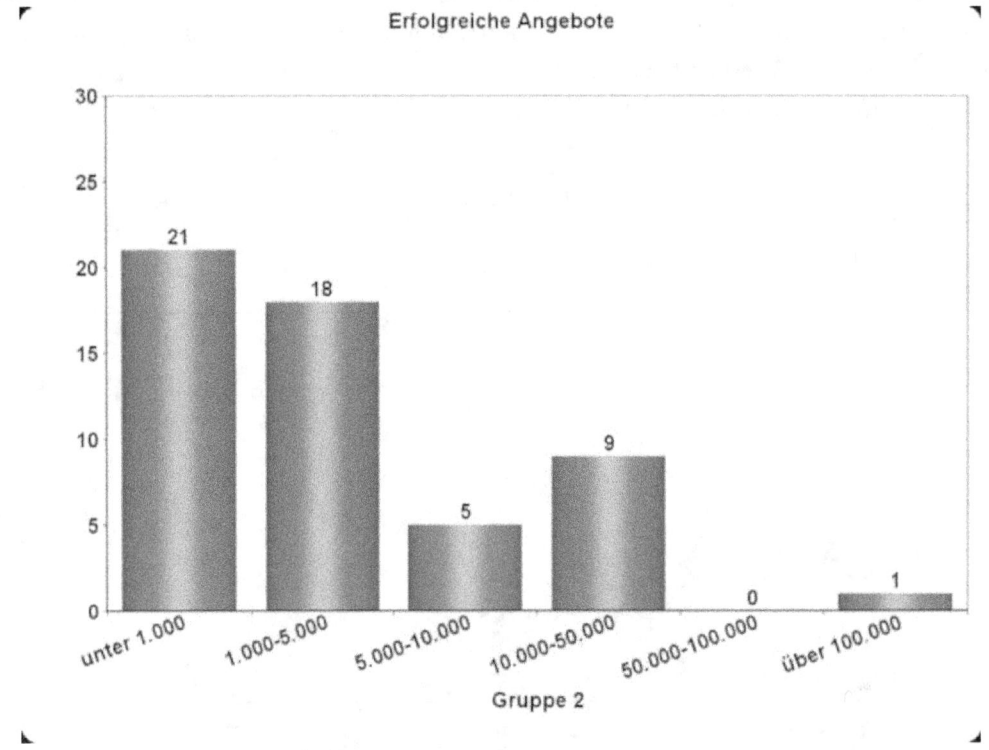

In Gruppe 3 läge der Durchschnitt bei knapp 20.000 verkauften Artikeln, aber wie schon in den Gruppen 1 und 2 ist die Spannweite so enorm, dass man kaum einen aussagefähigen Mittelwert bilden kann.

Der Verkäufer mit den wenigsten erfolgreichen Angeboten hat nur 60 erfolgreiche Angebote (aus denen heraus er jedoch 37.500 Artikel verkauft hat), der Verkäufer am anderen Ende der Skala liegt bei 116.000 erfolgreichen Angeboten.

In der Grafik stellt sich das Ergebnis folgendermaßen dar:

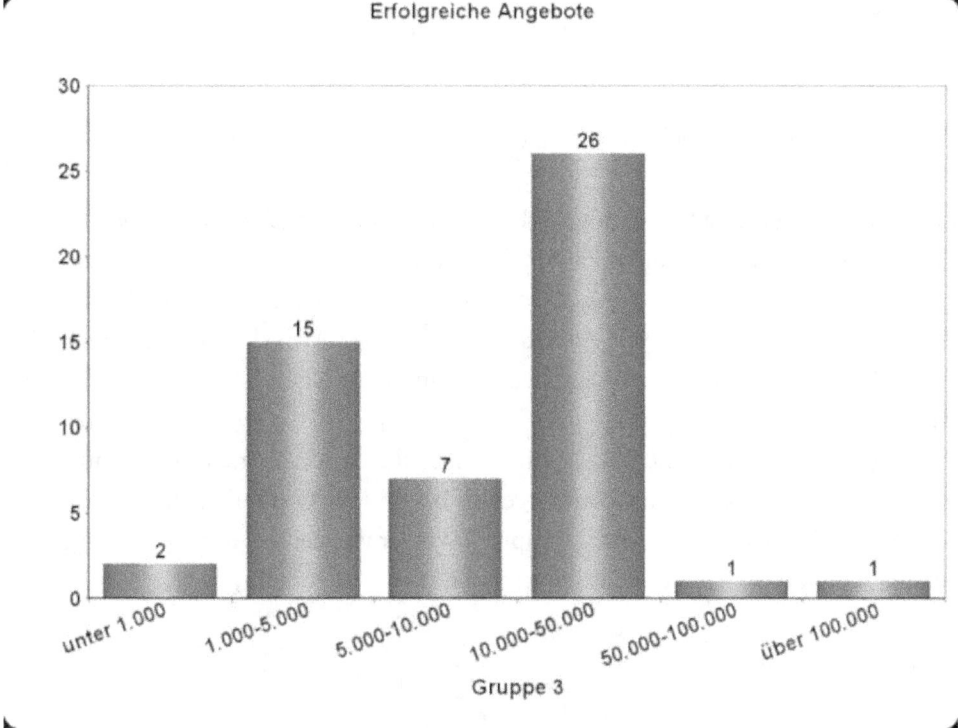

Die Hälfte der Verkäufer liegt im Bereich zwischen 10.000 und 50.000 erfolgreicher Angebote, einen nennenswerten Ausschlag gibt es dann nur noch im Bereich zwischen 1.000 und 5.000 erfolgreicher Angebote. In diesem Bereich bewegen sich knapp 28 % der Verkäufer aus dieser Gruppe. Der Rest verteilt sich dann fast schon gleichmäßig auf die anderen Bereiche.

Verkaufte Artikel

Die nächste spannende Frage: Wie viele Artikel haben unsere 143 Verkäufer bei eBay.com insgesamt verkauft?

Hier muss man unterscheiden – erfolgreiche Angebote sind Angebote, aus denen mindestens ein Artikel verkauft wurde. Hat ein Verkäufer also ein Angebot bei eBay erstellt, aus dem heraus er zehn Artikel anbietet, und werden aus diesem Angebot zwei Artikel verkauft, dann hat er ein erfolgreiches Angebot erstellt, aber bei der Zahl der verkauften Artikel werden zwei gezählt.

Insgesamt haben unsere 143 Verkäufer bei eBay.com in nur einem Monat knapp 3,5 Millionen Artikel verkauft.

Die Gruppe 1 stellt davon 750.000 verkaufte Artikel, die Gruppe 2 trägt mit knapp 1,1 Millionen verkauften Artikeln zum Gesamtergebnis bei und die Gruppe 3 stellt mit knapp 2,5 Millionen verkauften Artikeln die größte Gruppe. (Wieder wurden bei dem Gesamtergebnis die 15 Verkäufer, die sich in den Gruppen überschneiden, nur einmal gezählt.)

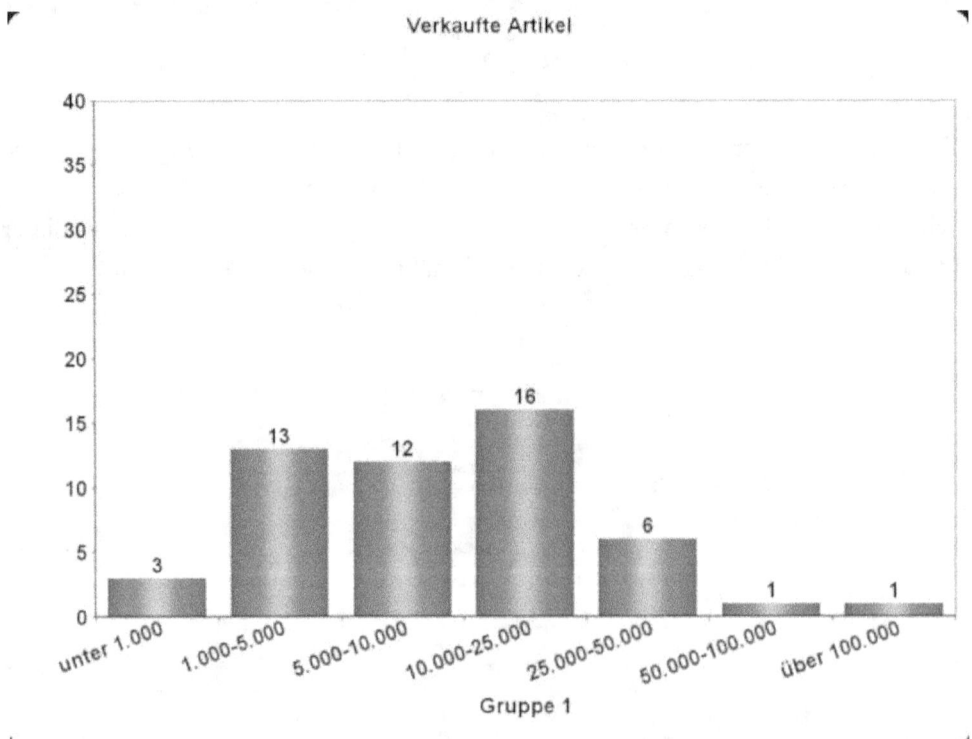

In Gruppe 1 liegt das Mittelfeld zwischen 1.000 und 25.000 verkauften Artikeln. 80 % der Verkäufer aus dieser Gruppe liegen in diesen drei Bereichen, wobei der Bereich zwischen 10.000 und 25.000 verkauften Artikeln am stärksten vertreten ist.

Am Anfang der Skala steht ein Verkäufer, der 486 Artikel verkauft hat, am Ende der Skala steht ein Verkäufer mit knapp 102.000 verkauften Artikeln.

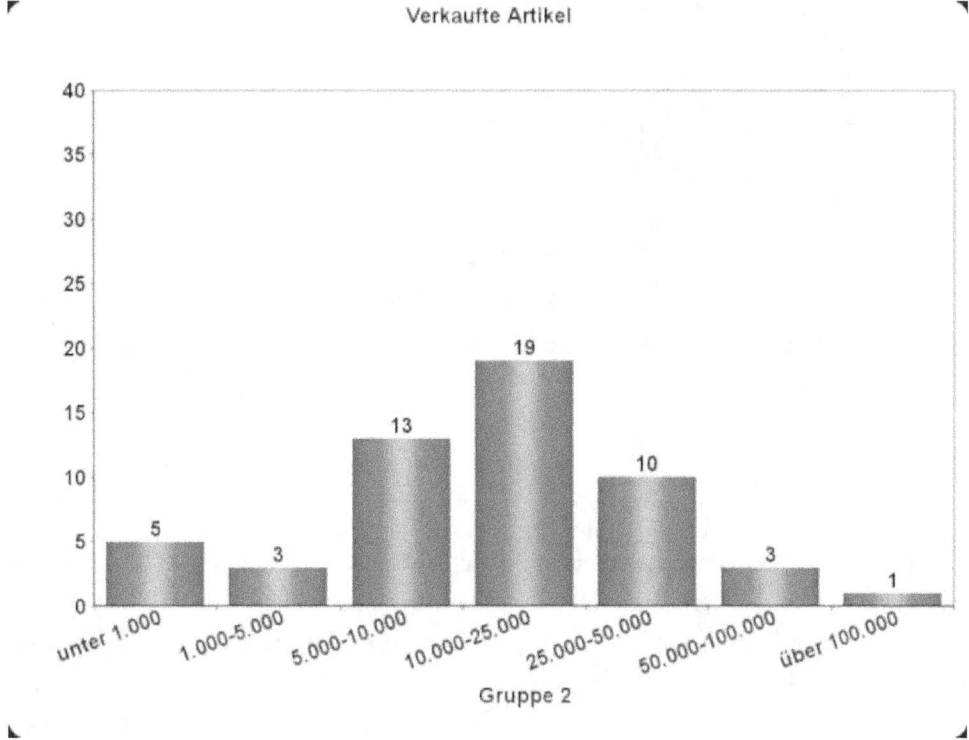

In Gruppe 2 verschiebt sich das Mittelfeld etwas nach hinten.

Die drei stärksten Bereiche sind zusammen die Bereiche zwischen 5.000 und 50.000 verkauften Artikeln. Auch hier fallen fast 80 % der Verkäufer in dieser Dreiergruppe, die sich vom Start- und Endpunkt allerdings von Gruppe 1 unterscheidet. Den höchsten Ausschlag haben wir jedoch auch in dieser Gruppe im Bereich zwischen 10.000-25.000 verkauften Artikeln.

Auch in dieser Gruppe ist die Spannweite wieder gewaltig. Am Anfang der Skala stehen gleich zwei Verkäufer mit sehr übersichtlichen Zahlen von jeweils 34 und 77 verkauften Artikeln, mit denen sie einen Monatsumsatz von mehr als $ 1.000.000 generiert haben. Am anderen Ende der Skala steht ein Verkäufer, der knapp 116.000 Artikel verkauft hat.

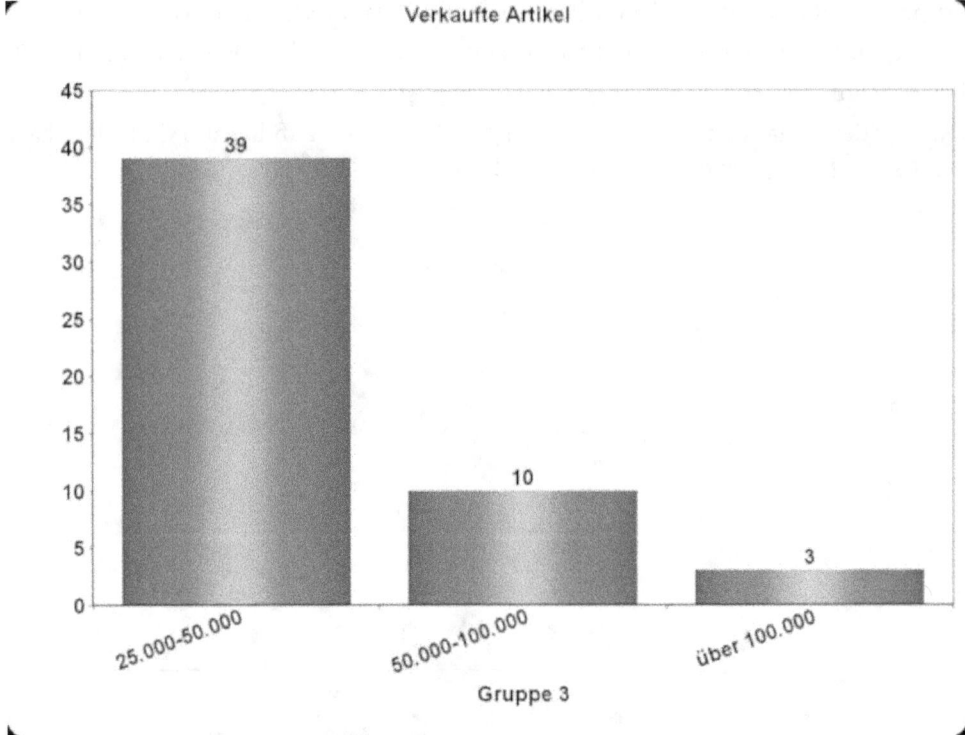

In Gruppe 3 liegen 75 % der Verkäufer im Bereich zwischen 25.000 und 50.000 verkauften Artikeln. Klar, dass hier der Bereich bis 30.000 verkaufte Artikel völlig fehlt.

Aber auch in dieser Gruppe wird die Luft nach oben dünner. Zwar bewegen sich noch zehn Verkäufer aus dieser Gruppe im Bereich zwischen 50.000 und 100.000 verkauften Artikeln im Monat, aber bei mehr als 100.000 verkauften Artikeln finden wir auch in dieser Gruppe nur drei Verkäufer.

In dieser Gruppe ist die Spannbreite nicht ganz so dramatisch wie in den beiden anderen Gruppen, schon weil alle Verkäufer bei über 30.000 verkauften Artikeln liegen. Die obere Grenze steckt ein Verkäufer mit 116.000 verkauften Artikeln ab, der auch bereits die Gruppe 2 anführt. Ihm folgt ein Verkäufer mit 110.000 verkauften Artikeln, der ausschließlich in Gruppe 3 anzutreffen ist.

Verkaufsquote

Bei der Wettbewerbsanalyse ist ein Blick auf die Verkaufsquote des Wettbewerbers oft sehr aufschlussreich. Kennt er seinen Markt gut, oder fischt er im Trüben? Wettbewerber mit einer extrem schlechten Verkaufsquote sind in der Regel sehr viel besser einzuholen als Wettbewerber, die ihren Markt beherrschen.

Wie wird die Verkaufsquote errechnet?

Bleiben wir bei dem Beispiel mit einem Angebot, aus dem heraus Sie zehn Artikel verkaufen und gehen wir weiter davon aus, dass Sie zehn solche Angebote bei eBay online haben.

Sie hätten dann zehn Angebote mit jeweils zehn Artikeln, also 100 Artikel bei eBay im Angebot.

Verkaufen Sie nun aus fünf von Ihren Angebote jeweils fünf Artikel, haben Sie 25 Artikel verkauft, jedoch liegt die Verkaufsquote nur bei 50 %, da nur die Hälfte Ihrer Angebote erfolgreich war, während aus der anderen Hälfte gar keine Artikel verkauft wurden. Hier gibt es entweder keine Nachfrage oder die Mitbewerber unterbieten Sie im Preis oder sie sind bei eBay besser positioniert als Sie. Gründe dafür kann es viele geben, doch je besser ein Verkäufer seinen Markt kennt, desto höher ist in der Regel die Abverkaufsquote.

Es gibt natürlich immer wieder einmal auch Gründe dafür, Artikel bei eBay anzubieten, von denen man weiß, dass die Verkaufschancen recht gering sind. Solche Gründe könnten sein, um mit nachgefragten Keywords Besucher über ein gutes Cross-Selling in den eigenen Shop zu ziehen oder auch um Spuren in Kategorien zu hinterlassen, die man nicht in der Hauptsache bedient. Hier liegt man dann möglicherweise über den Preisen der Wettbewerber und wird aus diesem Grund weniger verkaufen, aber bei solchen Maßnahmen geht es nicht primär um den erfolgreichen Verkauf. Insgesamt sind solche Maßnahmen jedoch zu vernachlässigen, weil sie die Verkaufsquote nicht so deutlich mindern sollten, dass sie in den bedenklichen Bereich rutscht.

Auf der anderen Seite haben Verkäufer, die mit extrem niedrigen Startpreisen Artikel im Auktionsformat einstellen, oft eine extrem hohe Verkaufsquote, obwohl sie einige Artikel deutlich unter Wert verkaufen müssen. Auch das muss man natürlich bedenken, wenn man auf die Verkaufsquote blickt.

In der Gruppe 1 liegt die Verkaufsquote bei 22 % der Verkäufer unter 50 % – ein schon fast bedenklicher Wert, der auf Optimierungsbedarf hinweist.

Immerhin liegt die Verkaufsquote bei knapp 58 % der Verkäufer bei über 75 %.

Die niedrigste Quote liegt bei gerade einmal 2,61 %.

Bei einem Verkäufer, der bei einer Verkaufsquote von 3,24 % liegt, kann man deutlich erkennen, dass die Verkaufsquote seinen gesamten Auftritt bei eBay.com widerspiegelt.

Sein Template ist unprofessionell und er betreibt einen Gemischtwarenladen ohne ein auch nur im Ansatz erkennbares Profil.

In der Gesamtzahl der Artikel hat er über zwölf Millionen Artikel in über 208.000 Angeboten eingestellt und „nur" knapp 6.700 davon verkauft.

Hier würde ein wenig mehr Marktkenntnis sicher guttun und die Ergebnisse verbessern können.

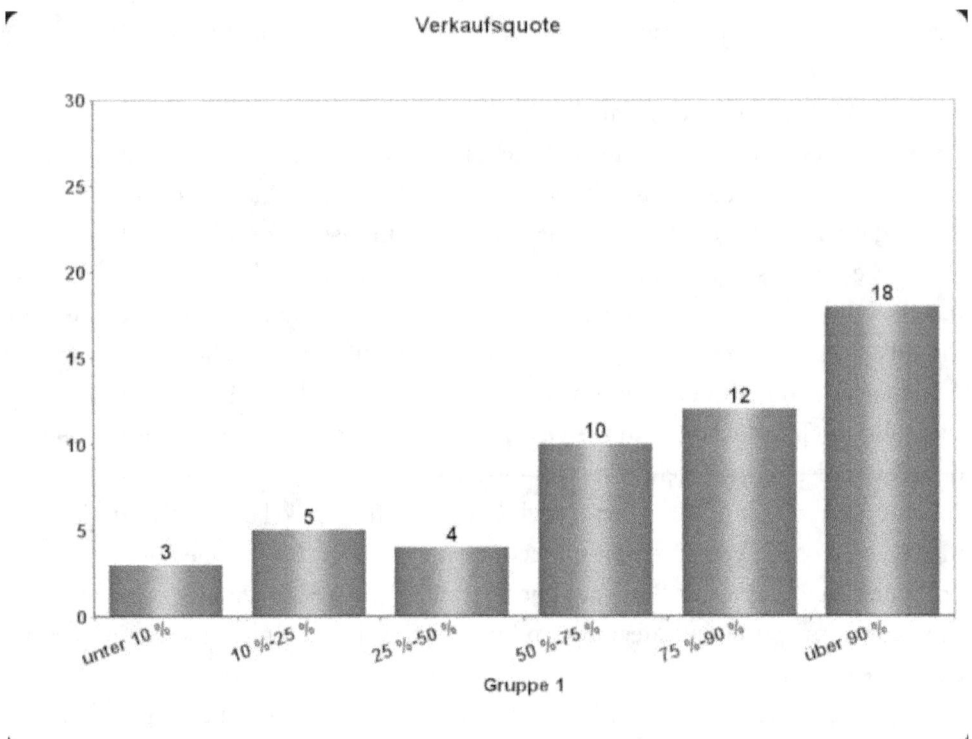

In der Gruppe 2 sieht es nicht besser aus:

Hier liegen knapp 30 % der Verkäufer unter 50 %, auf der anderen Seite der Skala sind es 58 %, die eine Verkaufsquote von mehr als 75 % haben.

Die niedrigste Quote in dieser Gruppe liegt bei 3,85 %.

In Gruppe 3 zeigt sich ein ähnliches Bild: Knapp 45 % der Verkäufer liegen unter 50 %, knapp 45 % liegen über 75 %. Die niedrigste Quote liegt bei 3,85 %.

Insgesamt ergibt sich daraus folgendes Bild:

36 % der analysierten Verkäufer liegen bei einer Verkaufsquote von unter 50 %, knapp 15 % davon liegen unter 25 %, 56 % liegen über 75 %.

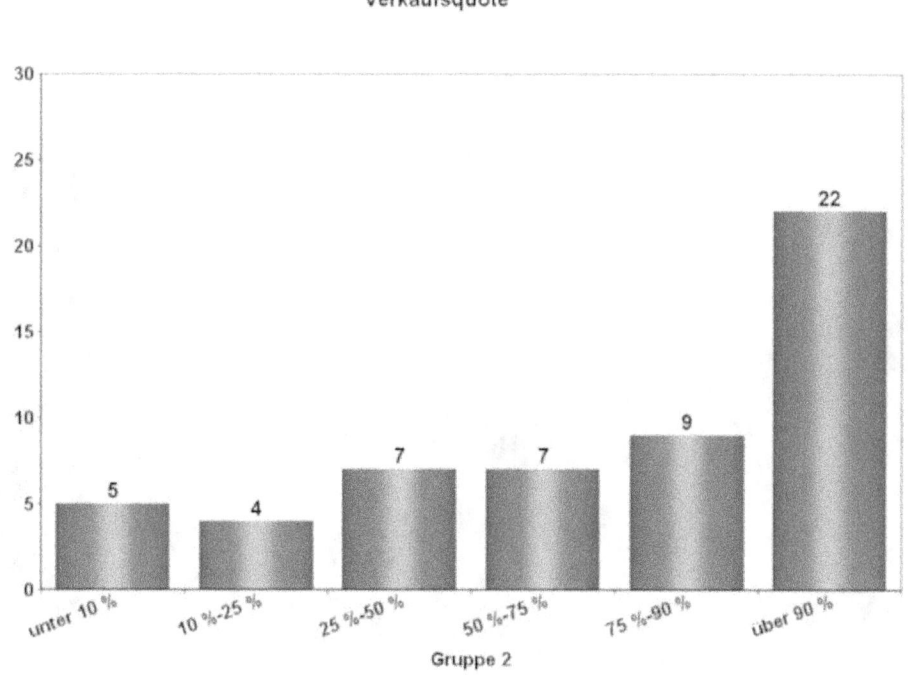

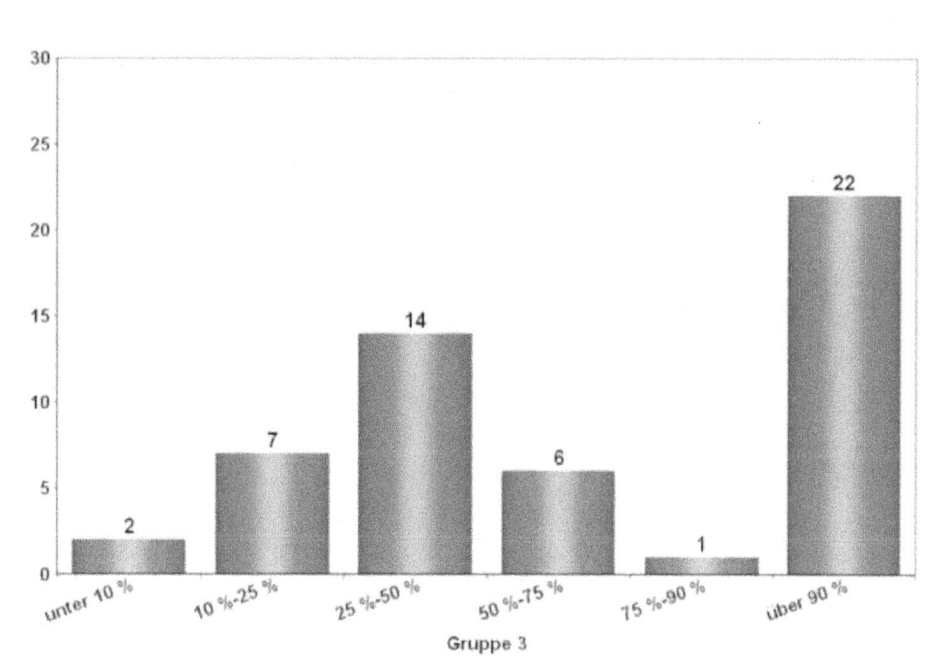

Verkaufsquote | 43

DIE POWERSELLER-ELITE VON EBAY.COM

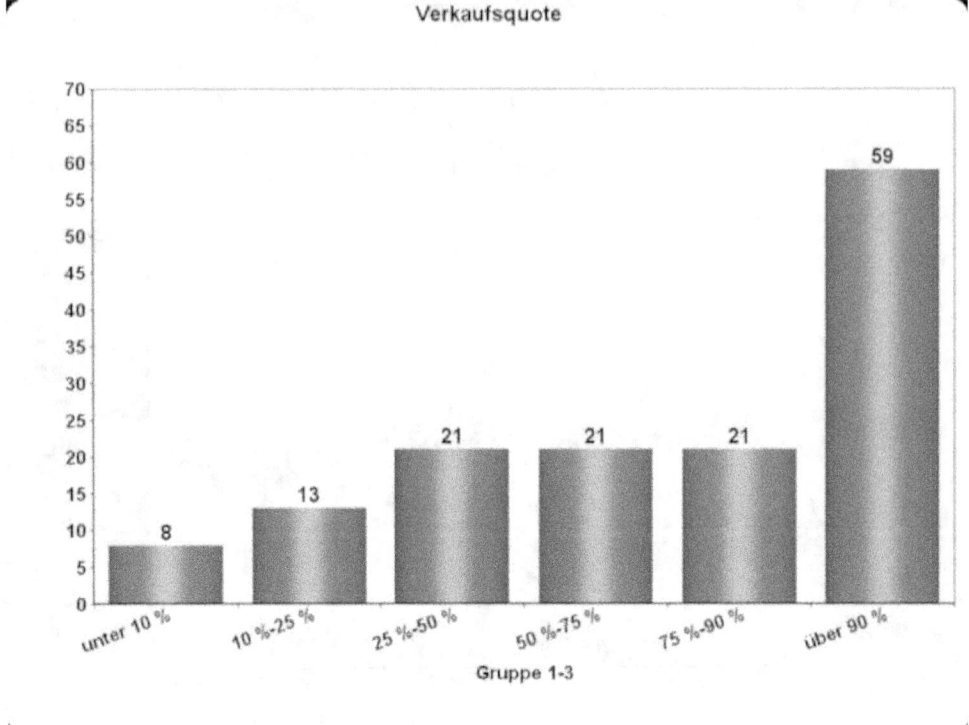

Angebotsformat

Wie bereits erwähnt, spielt u. a. das Angebotsformat bei der Verkaufsquote eine Rolle und daher werfen wir nun einen Blick auf das Angebotsformat:

In Gruppe 1 setzen 48 % der Verkäufer ausschließlich auf das Festpreis- bzw. Shopformat, das bedeutet auf der anderen Seite, dass knapp 52 % der Verkäufer ihre Angebote teilweise auch im Auktionsformat bei eBay einstellen. 33 % der Verkäufer in Gruppe 1 bieten sogar mehr als 50 % ihrer Angebote im Auktionsformat an.

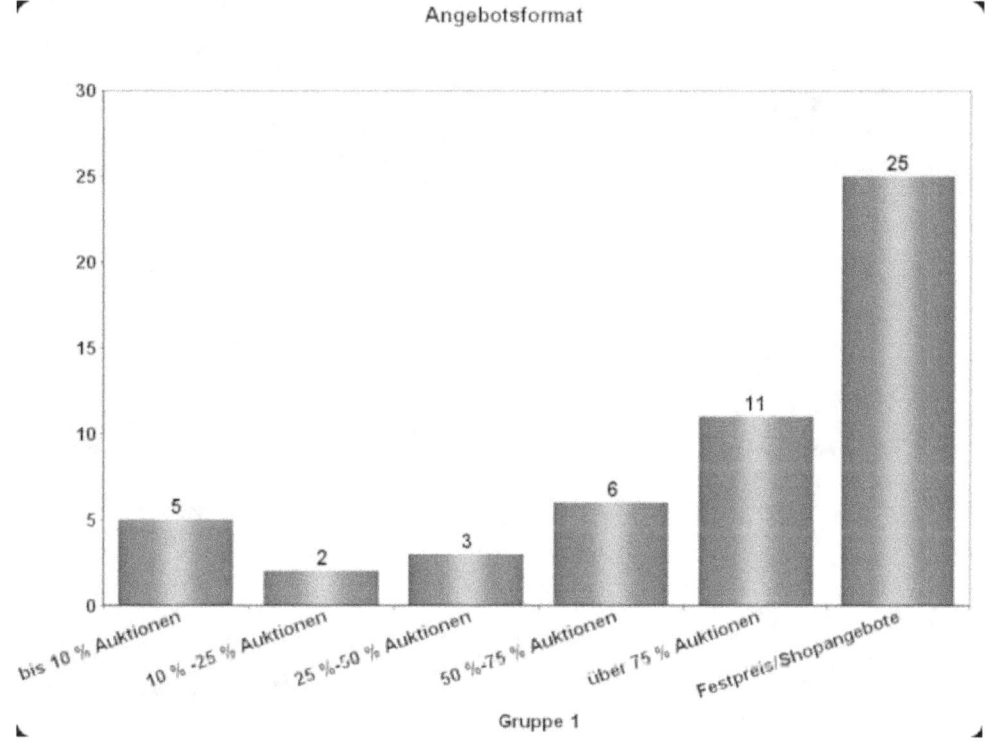

In Gruppe 2 sind die Zahlen ähnlich: Knapp 52 % der Verkäufer setzen ausschließlich auf das Festpreis- bzw. Shopangebot, 48 % setzen auch Auktionen ein, 33 % der Verkäufer sogar mehr als 50 %.

In Gruppe 3 stellen nur knapp 35 % der Verkäufer ihre Angebote ausschließlich im Festpreis- bzw. Shopangebotsformat ein, 65 % setzen auch auf Auktionen, 46 % setzen zu mehr als 50 % auf das Auktionsformat.

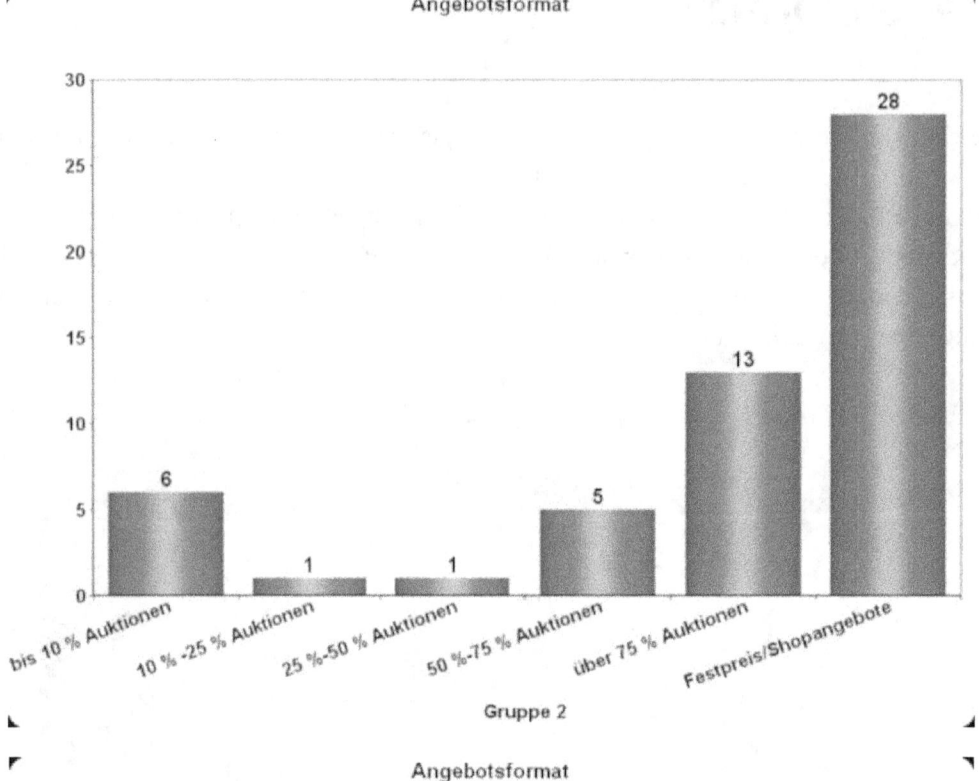

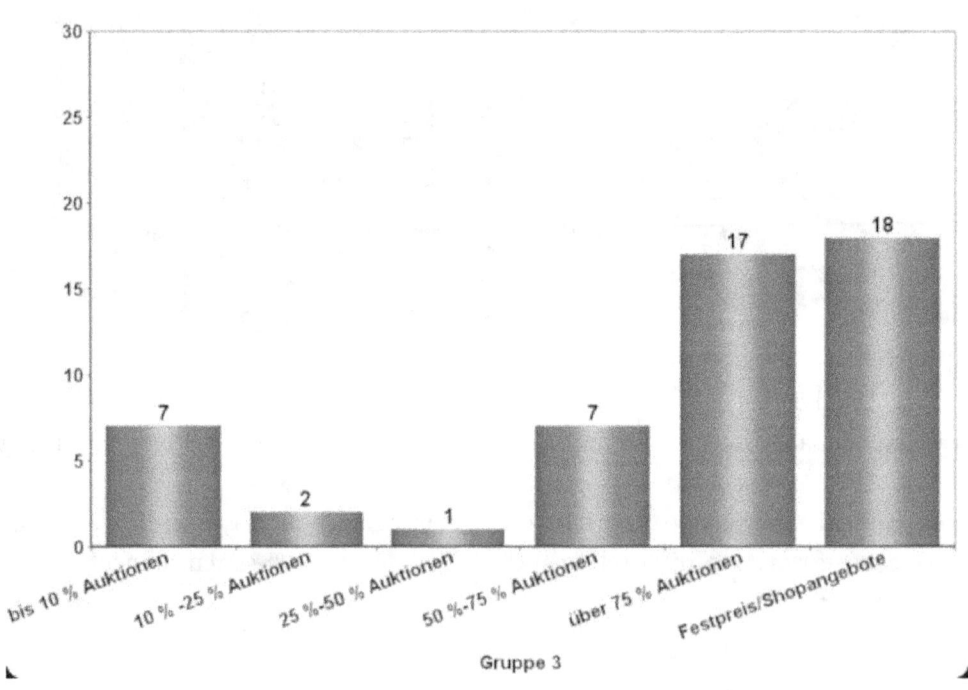

Insgesamt ergibt sich damit folgendes Bild:

44 % der 143 analysierten eBay-Verkäufer (die berühmten 15, die sowohl in den Gruppen 1 und 2 als auch in Gruppe 3 vertreten sind, wurden wie immer nur einmal gezählt) vertrauen bei eBay ausschließlich dem Festpreis- bzw. dem Shopformat.

56 % setzen auch Auktionen ein, knapp 12 % dosieren die Auktionen vorsichtig und liegen im Formatmix bei weniger als 10 % Auktionen.

Knapp 38 % setzen im Mix auf mehr als 50 % Auktionen.

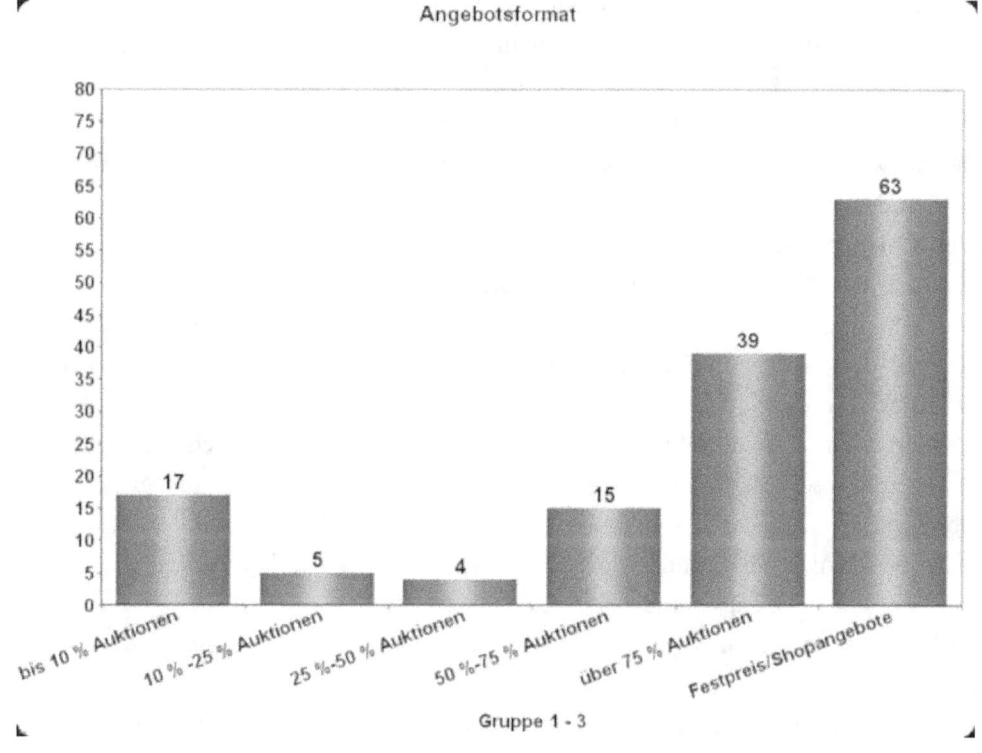

Zusatzoptionen

Die beliebteste Zusatzoption in allen drei Gruppen ist die Zusatzoption "Untertitel".

Aus Erfahrung weiß ich, dass vielen eBay-Verkäufern gar nicht bewusst ist, dass die Keywords, die im Untertitel erscheinen, bei der klassischen eBay-Suche gar nicht gefunden werden.

Verkäufer, denen die 80 Zeichen im Titel nicht ausreichen, buchen gerne die Option Untertitel dazu, weil sie im Untertitel weitere Keywords unterbringen wollen, ohne sich darüber im Klaren zu sein, dass diese Keywords im Untertitel von der eBay-Suchmaschine gar nicht berücksichtigt werden.

Keywords aus dem Untertitel werden nur dann angezeigt, wenn Käufer bei der erweiterten Suche die Suche in der Beschreibung einschließen.

Bei Artikeln, die bei eBay recht selten angeboten werden, kann ein Untertitel durchaus Sinn machen, wenn Käufer bei der klassischen Suche zu wenige Treffer erzielen und die Suche ausdehnen, indem sie die Suche in der Beschreibung einschließen.

Bei der überwiegenden Zahl der Angebote wird das jedoch nicht der Fall sein und damit verfehlen die Untertitel sehr oft den Zweck, den sie eigentlich erfüllen sollten.

Untertitel werden natürlich angezeigt, wenn Käufer die Suchergebnisse ihrer ursprünglichen Suche angezeigt bekommen und dann auch die Untertitel der angezeigten Angebote sehen, oder wenn sie einfach nur durch die Kategorien bei eBay browsen.

Wenn man das im Hinterkopf behält, kann man die zusätzlichen 55 Zeichen im Untertitel sinnvoll nutzen – abseits der Intention im Untertitel wichtige Keywords für die Suche unterzubringen.

Denkbar wären hier z. B. Zusätze wie "mehr als 1000 x verkauft", "Versand innerhalb von 24 Stunden", "Versand aus Deutschland (USA)".

Das wären Zusätze, die im Titel nicht sinnvoll wären, weil sie keine wichtigen Keywords enthalten.

Im Untertitel könnten sie jedoch als Stopper fungieren und den einen oder anderen Käufer überzeugen, den Artikel anzuklicken.

Bei der Entscheidung, keine Untertitel zu nutzen, unterscheiden sich die drei Gruppen.

Während in der Gruppe der Verkäufer, die mehr als 30.000 Artikel im Monat verkaufen, über die Hälfte auf Untertitel verzichtet, sind es in der Gruppe der Verkäufer, die zwischen $ 500.000 und $ 1.000.000 Umsatz machen, nur knapp 25 % und in der Gruppe der Verkäufer, die über $ 1.000.000 Umsatz machen sogar nur knapp 13 %.

Insgesamt nutzen 65 % der Verkäufer in den Gruppen 1-3 die Zusatzoption "Untertitel".

Am wenigsten beliebt in allen drei Gruppen ist die Fettschrift, die Zweitkategorie wird mit knapp 31 % recht ausgeglichen von allen drei Gruppen genutzt. Einige Verkäufer kombinieren Zusatzoptionen wie Untertitel und Zweitkategorie. Hier der Überblick:

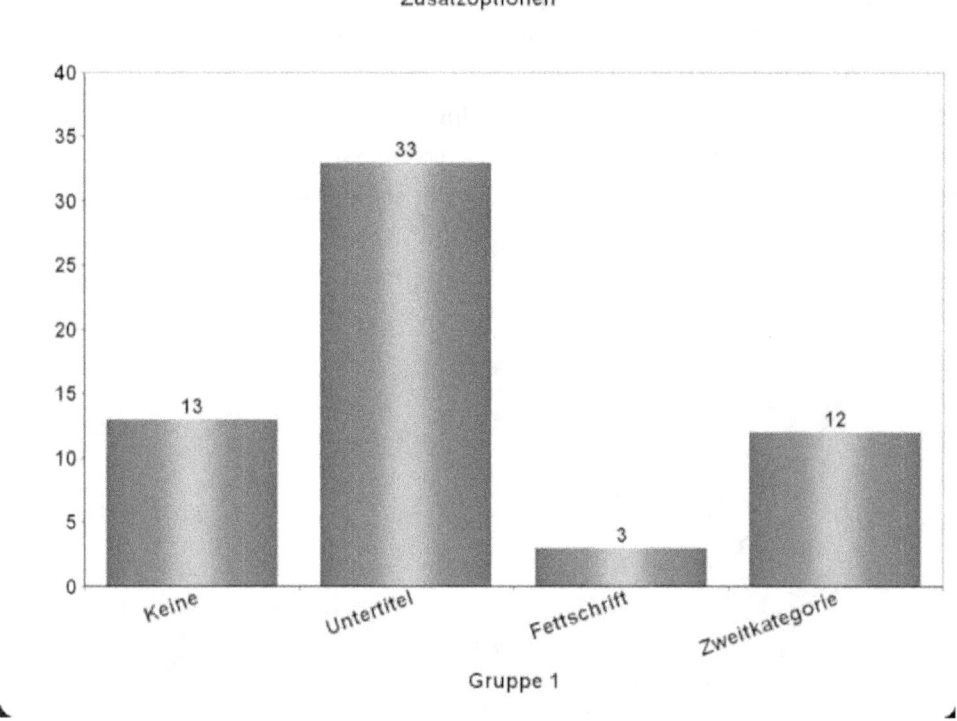

Gruppe 1

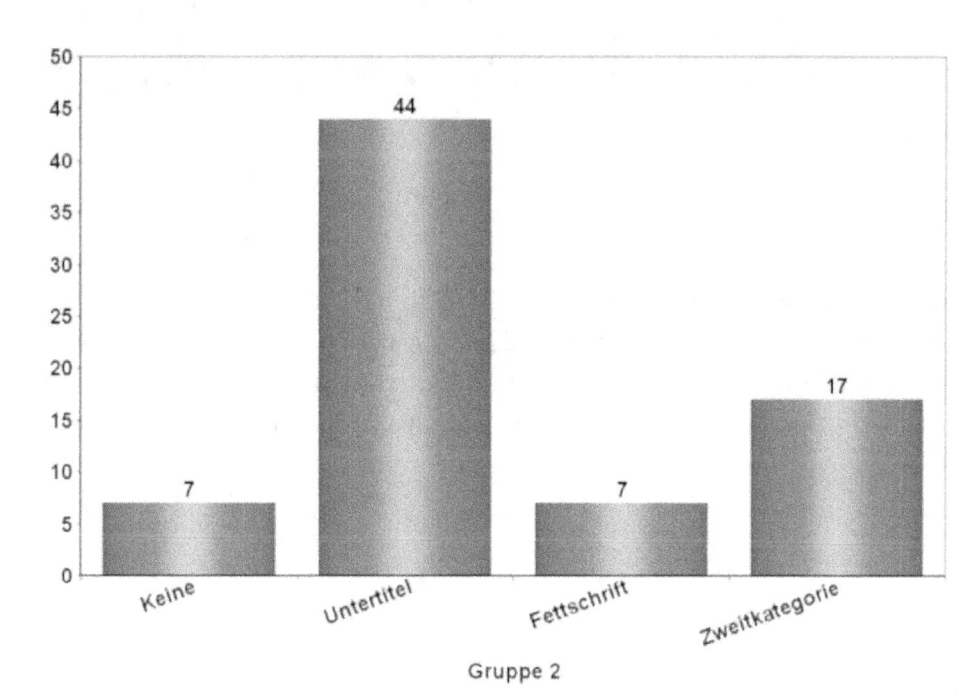

Gruppe 2

Nutzung der Zusatzoptionen in der Gruppe 2 – über $ 1.000.000 Umsatz.

In dieser Gruppe ist mir ein Verkäufer besonders ins Auge gefallen, denn er nutzt bei vielen Angeboten die 80 Zeichen für den Titel nicht aus und beschränkt sich dort auf 20 bis 30 Zeichen, während er zusätzlich bei einigen Angeboten die Option "Untertitel" wählt.

Das macht keinen erkennbaren Sinn und zeigt, dass er eBay nicht verstanden hat.

Nutzung der Zusatzoptionen in der Gruppe 3: mehr als 30.000 verkaufte Artikel.

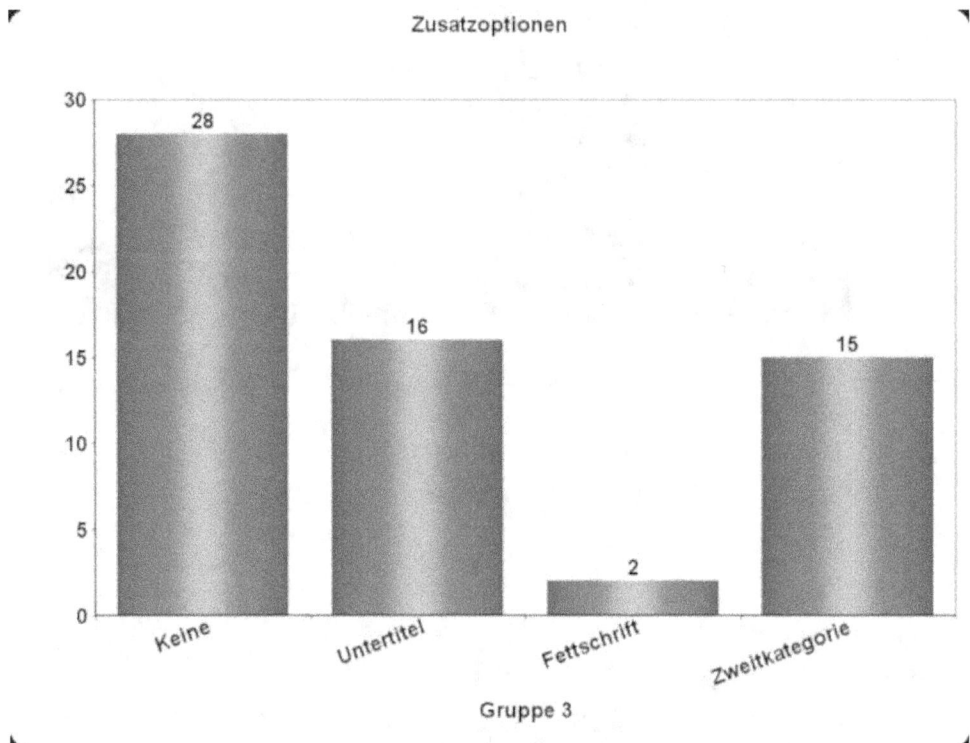

Nutzung der Zusatzoptionen in den Gruppen 1-3.

Insgesamt muss man hier wohl erwähnen, dass es bei der Wahl der richtigen Keywords im Titel bei Ausnutzung aller 80 Zeichen bei sehr vielen Verkäufern Optimierungsbedarf gibt.

Würden sie hier nachbessern, könnten sie sich den häufig gebuchten kostenpflichtigen Untertitel oft sparen.

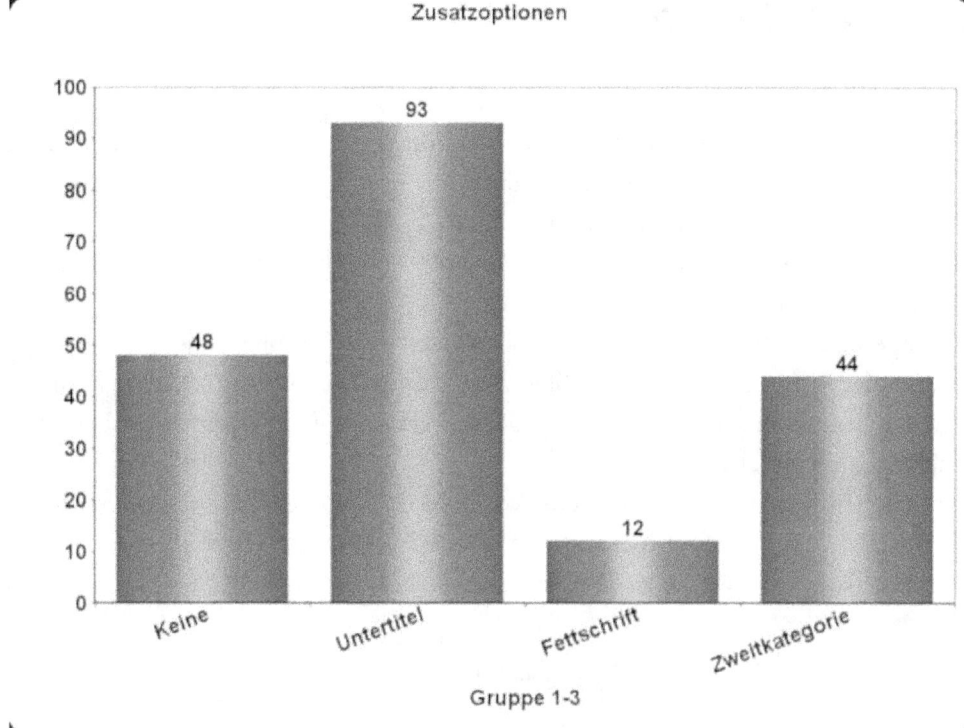

Anzahl der Gebote

Bei dem doch verhältnismäßig großen Anteil an Auktionen ist es spannend, einen Blick auf die Anzahl der abgegebenen Gebote zu werfen. In diese Auswertung fließen natürlich auch die Gebote mit ein, die auf Festpreisangebote abgegeben worden sind.

Insgesamt wurden auf die Angebote der 143 Verkäufer innerhalb von nur einem Monat fast 7,9 Millionen Gebote abgegeben.

Die Gruppe 1 stellt davon knapp 1,36 Millionen Gebote, die Gruppe 2 folgt mit 2,69 Millionen Geboten und die Gruppe 3 trägt mit 5,7 Millionen Geboten den Löwenanteil. (Wie immer wurden in der Gesamtberechnung die Gebote der 15 Verkäufer, die sich in den Gruppen 1, 2 und 3 überschneiden, nur einmal gezählt.)

In der Gruppe 1 liegt der Durchschnitt bei knapp 26.000 Geboten, die auf jeden einzelnen Verkäufer entfallen. Die drei Ausreißer, die über 100.000 Gebote verbuchen konnten, verwässern dieses Ergebnis natürlich etwas und so liegt das Mittelfeld zwischen 10.000 und 25.000 Geboten.

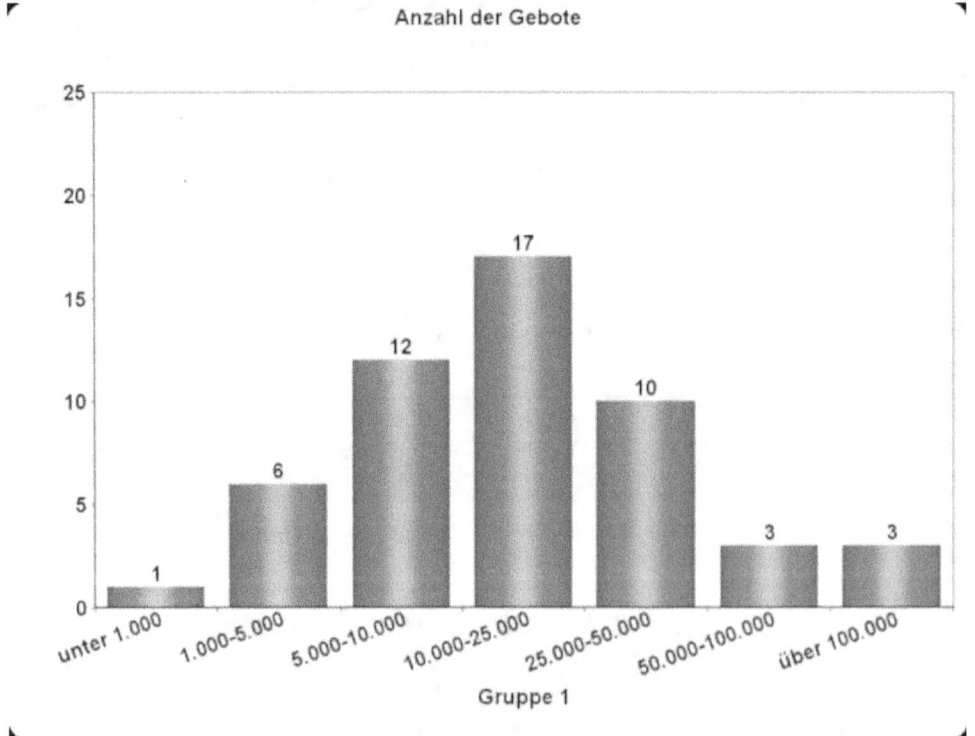

In Gruppe 2 liegt der Durchschnitt bei knapp 50.000 Geboten, aber auch hier haben wir wieder vier Ausreißer, auf deren Angebote mehr als 100.000 Mal geboten wurde.

Auch hier liegt das Mittelfeld mit knapp 28 % im Bereich zwischen 10.000 und 25.000 Geboten, allerdings mit knapp 26 % dicht gefolgt von dem Bereich zwischen 25.000 und 50.000 Geboten.

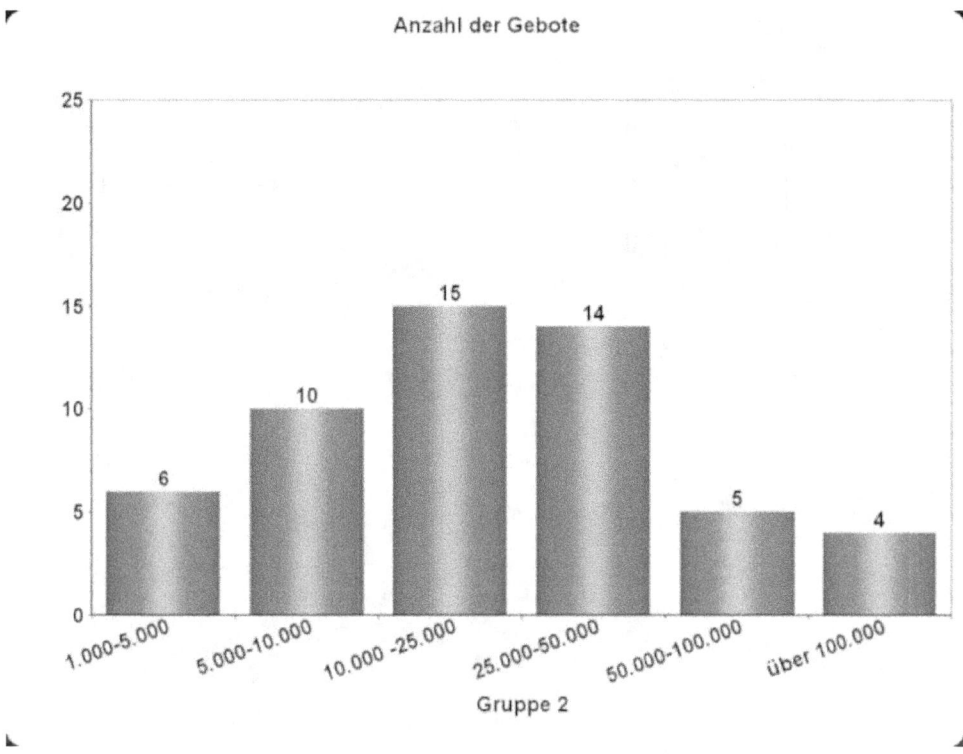

Auf die Angebote der 52 Verkäufer in Gruppe 3 wurden innerhalb von einem Monat insgesamt knapp 5,7 Millionen Gebote abgegeben, das würde einem Durchschnitt von knapp 110.000 Geboten entsprechen, aber hier haben wir deutliche Ausschläge nach oben. 14 der Verkäufer konnten mehr als 100.000 Gebote auf ihre Angebote verbuchen, das entspricht knapp 27 %.

Angeführt wird diese Gruppe von einem Verkäufer, der mehr als 1,035 Millionen Gebote auf seine Angebote ziehen konnte – dieser Verkäufer bietet seine Angebote zu 95 % im Auktionsformat an.

Die Mehrzahl der Verkäufer liegt mit knapp 44 % im Bereich zwischen 25.000 und 50.000 Geboten.

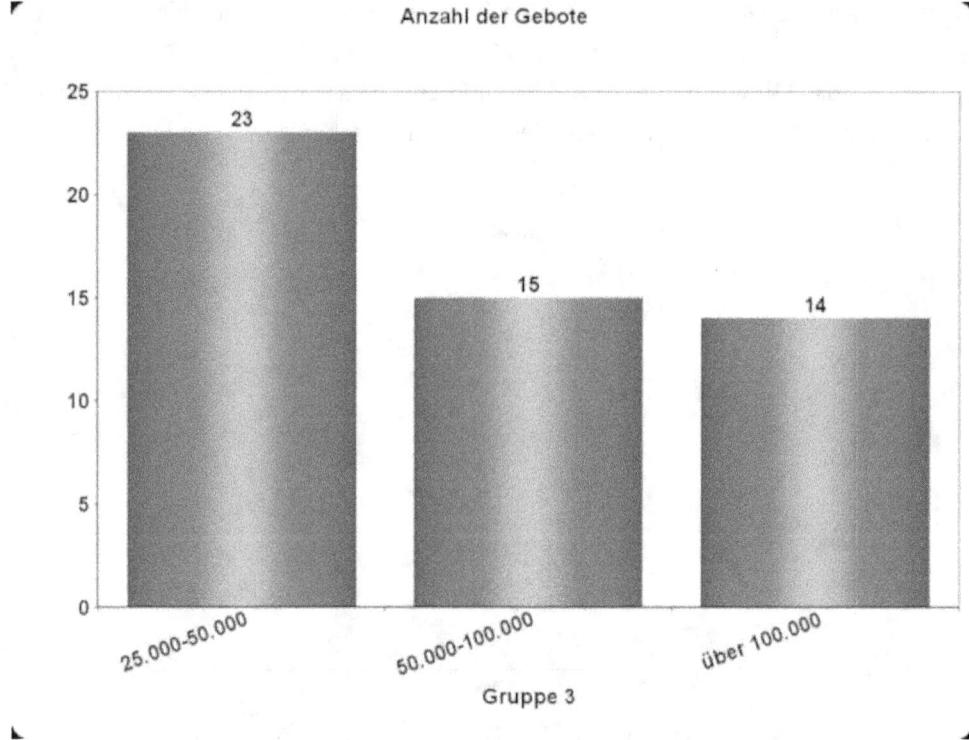

Anzahl Kategorien

In wie vielen Hauptkategorien sind die analysierten eBay-Verkäufer bei eBay.com unterwegs?

Gehören sie eher zu den „Gemischtwarenhändlern" oder konzentrieren sie sich auf einige, wenige Kategorien?

In der Gruppe 1 halten sich beide Enden der Skala fast die Waage.

Knapp 27 % der Verkäufer beschränken ihre Angebote auf ausschließlich eine Kategorie, 25 % sind in mehr als zehn Kategorien bei eBay.com unterwegs.

Mit knapp 56 % beschränkt sich die Mehrheit der Verkäufer bei eBay.com auf Angebote in bis zu drei Kategorien.

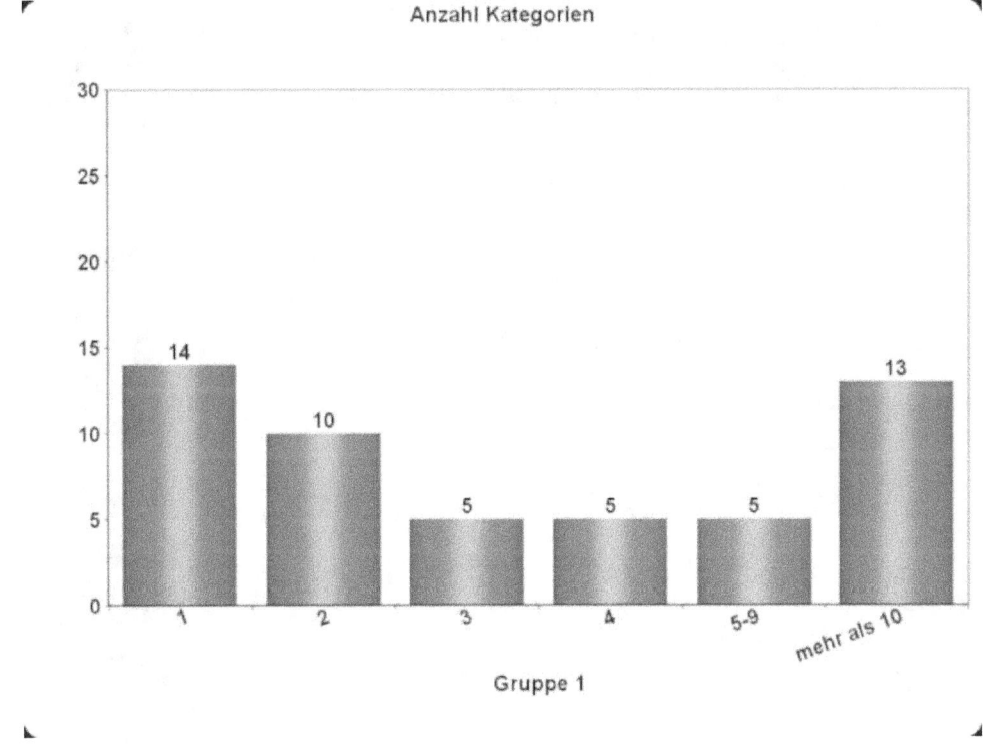

In der zweiten Gruppe ergibt sich bei der Präsenz in den Kategorien ein etwas anderes Bild. Hier sind mehr als 52 % der Verkäufer in mehr als zehn Kategorien unterwegs, aber immerhin knapp 35 % beschränken sich bei eBay.com auf die Präsenz in bis zu drei Kategorien.

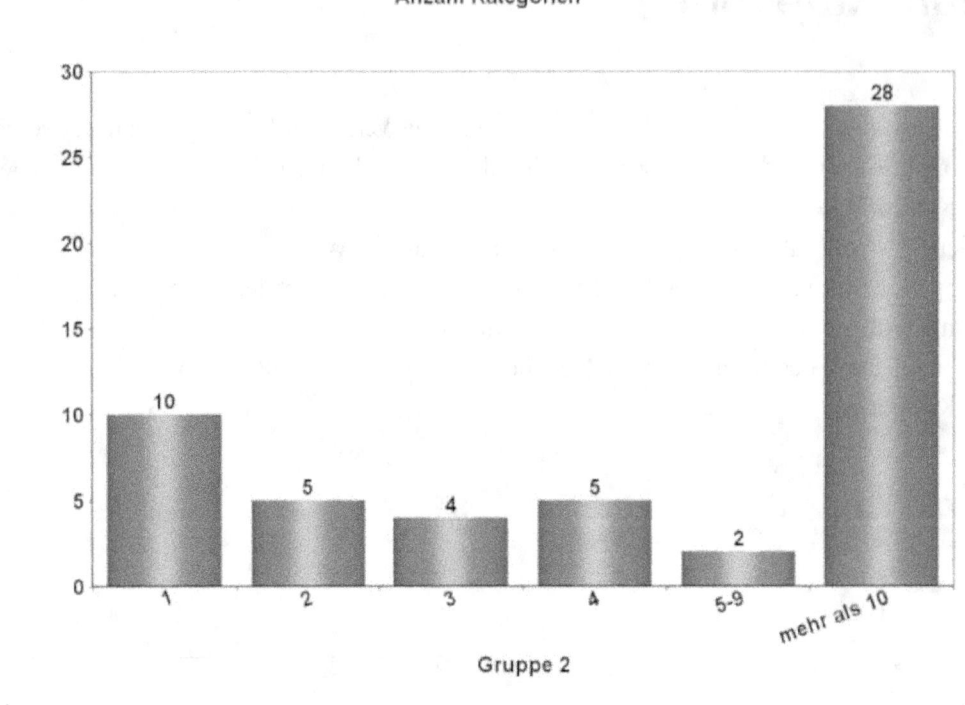

Gruppe 2

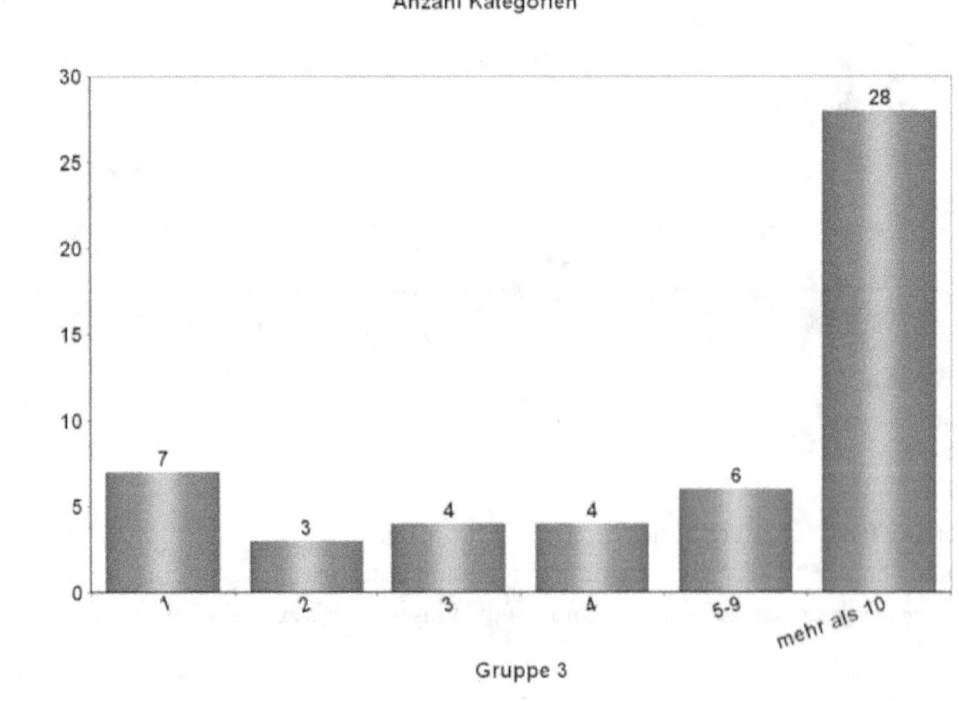

Gruppe 3

Auch in der Gruppe 3 dominiert die Zahl der Verkäufer, die in mehr als zehn Kategorien unterwegs sind, das Bild. Sie stellen mit knapp 54 % die stärkste Gruppe und nur knapp 27 % beschränken sich auf einen Auftritt in weniger als drei Kategorien.

Insgesamt ergibt sich für alle drei Gruppen folgendes Bild:

Die Gruppe der Verkäufer, die die Skala mit knapp 41 % anführen, ist bei eBay.com in mehr als zehn Kategorien aktiv – darauf folgt das andere Ende der Skala – die Gruppe der Verkäufer, die nur in einer einzigen Kategorie aktiv sind, mit knapp 20 %.

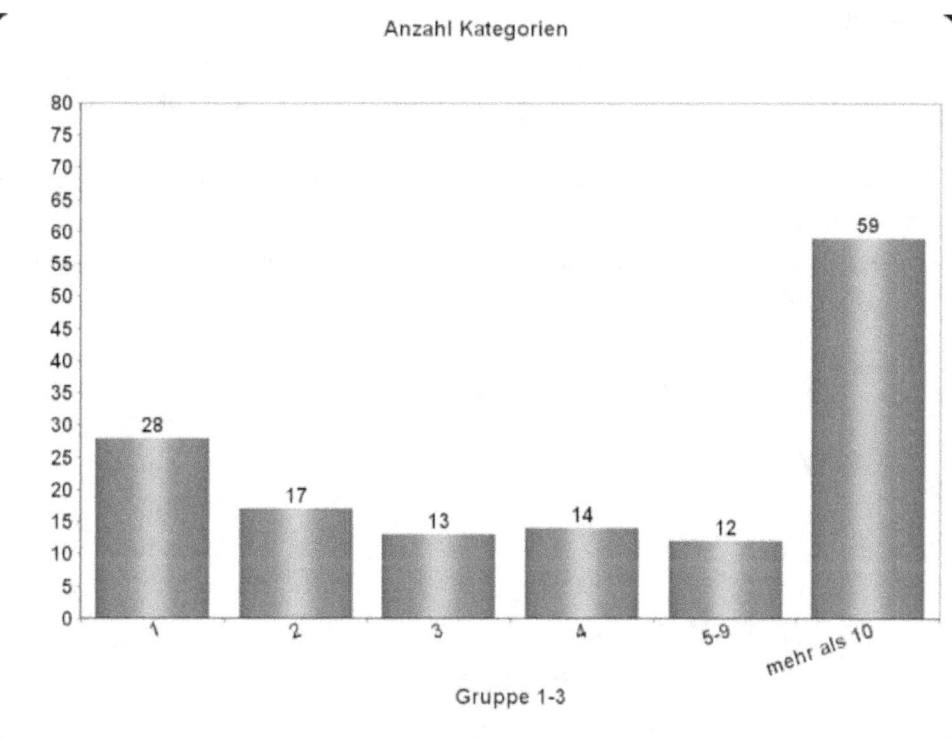

Angebotsdauer – höchster Verkaufspreis

Kommen wir nun zu den Auswertungen, die für alle Verkäufer interessant sind. Welche Rolle spielt die Angebotsdauer bei der Höhe der erzielten Verkaufspreise? Welche Laufzeit soll ich wählen, um möglichst hohe Preise zu erzielen?

Unsere 143 Verkäufer sind in nahezu allen Kategorien bei eBay.com aktiv. Sie haben in einem Monat mehr als 3,5 Millionen Artikel bei eBay.com verkauft und sollten damit eine repräsentative Gruppe darstellen.

Betrachten wir das Verhältnis zwischen Angebotsdauer und Verkaufspreis: In Gruppe 1 erkennen wir, dass die höchsten Preise jeweils am Anfang und am Ende der Skala realisiert wurden.

Jeweils 21 % entfallen auf Angebote, die ein oder drei Tage bei eBay eingestellt waren, sowie auf Shopangebote, die länger als elf Tage laufen.

Am wenigsten profitieren Verkäufer, die einen Angebotszeitraum von zehn Tagen wählen. Hier ist der durchschnittliche Verkaufspreis am geringsten.

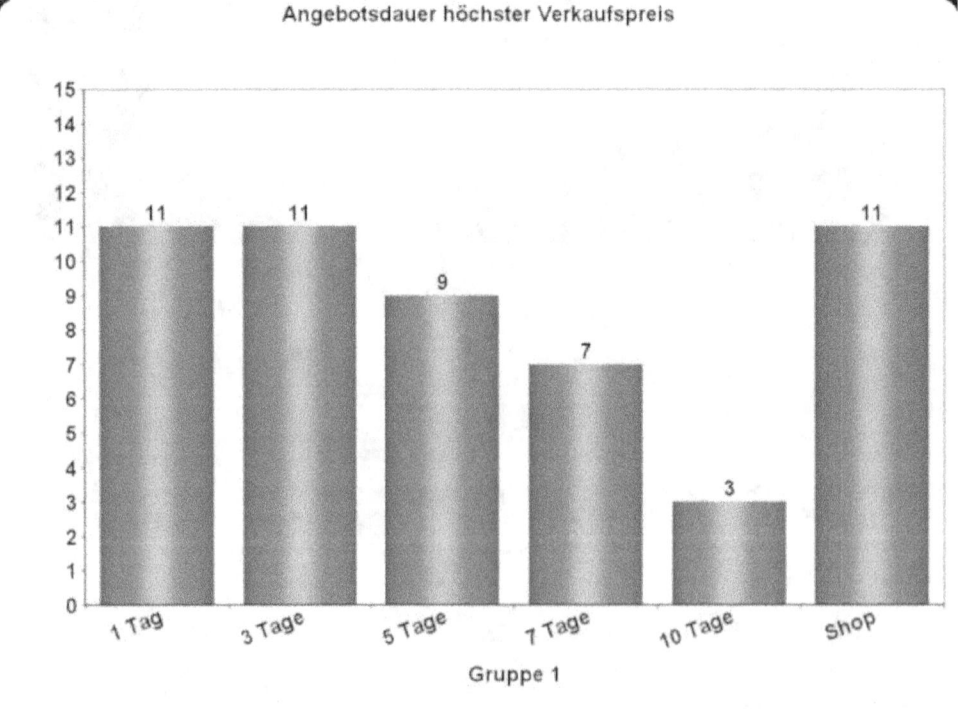

In der zweiten Gruppe sieht das Ganze etwas anders aus. Zwar führen auch hier die 1-Tages- und die Shopangebote die Gruppe mit jeweils 22 % an, aber danach folgt mit 18,5 % gleich die Angebotsdauer von zehn Tagen – also die Angebotsdauer, die in Gruppe 1 die unattraktivste war.

Eine auf der Hand liegende Erklärung gibt es dafür nicht.

Die Durchschnittspreise in den beiden Gruppen sind nicht weit voneinander entfernt und auch der Kategorienmix ist ähnlich.

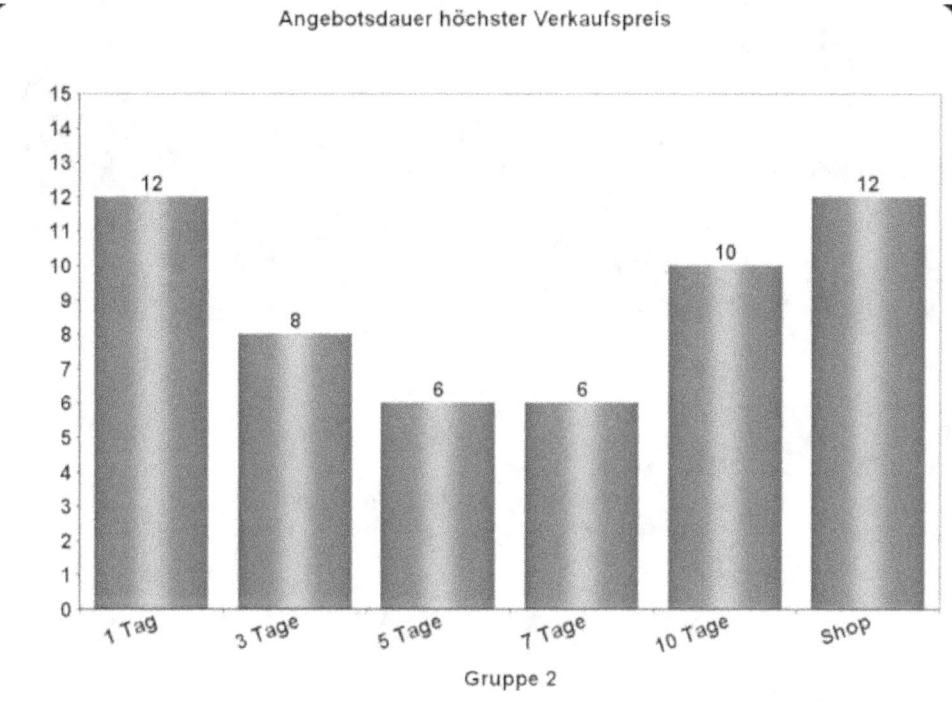

Werfen wir also noch einen Blick auf die dritte Gruppe:

Auch hier dominieren ganz klar die 1-Tages-Angebote neben den 10-Tages-Angeboten und den Shopangeboten. Die Mitte wird von den 3,5- und 7-Tages-Angeboten gebildet und fällt gegenüber den anderen Laufzeiten etwas ab.

Im Gesamtüberblick stellt es sich folgendermaßen dar:

Die höchsten Verkaufspreise werden mit knapp 24 % bei Shopangeboten mit einer Laufzeit von mehr als elf Tagen erzielt. An zweiter Stelle steht mit knapp 22 % die Laufzeit von nur einem Tag.

Laufzeiten von drei (16 %) und zehn Tagen (14,6 %) sind fast gleichauf.

In allen drei Gruppen sind Laufzeiten von fünf und sieben Tagen die unattraktivsten Laufzeiten, bei denen die niedrigsten Verkaufspreise erzielt werden.

DIE POWERSELLER-ELITE VON EBAY.COM

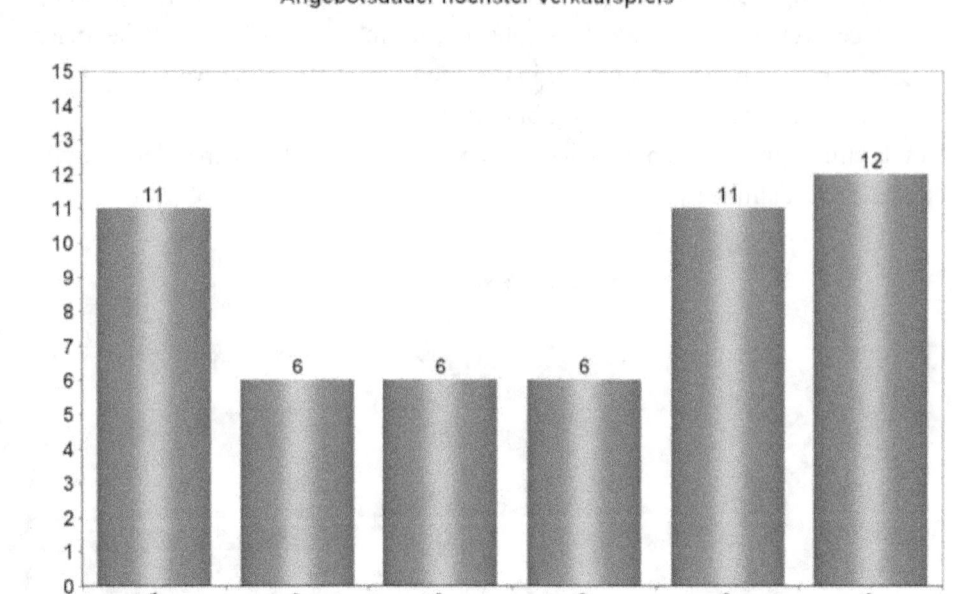

Gruppe 3

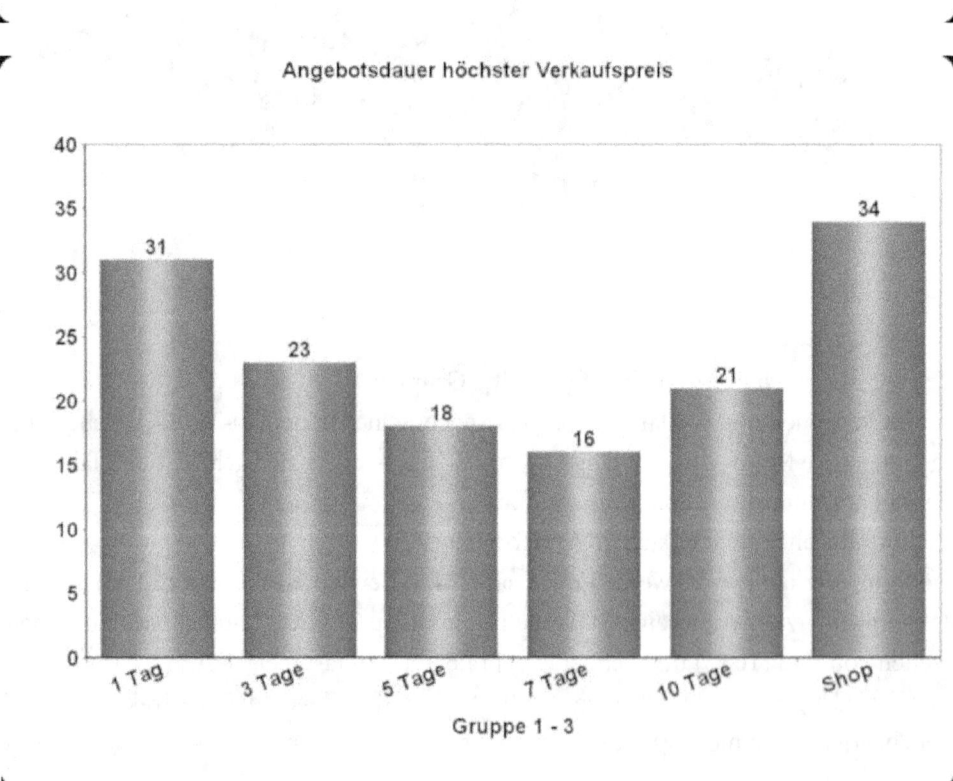

Gruppe 1 - 3

Angebotsdauer – höchste Verkaufsquote:

Welche Angebotsdauer erzielt die höchste Verkaufsquote?

Welche Laufzeit soll ich also wählen, um möglichst viele Artikel zu verkaufen?

Anders als bei den Verkaufspreisen können bei der Verkaufsquote mehrere Tage in Betracht kommen. Viele Verkäufer bieten z. B. die Laufzeit von drei, fünf und sieben Tagen an und haben an diesen Tagen jeweils eine Verkaufsquote von 100 %.

In Gruppe 1 dominiert klar das Shopangebot mit einer Laufzeit von mehr als elf Tagen.

An jeweils zweiter Stelle folgt eine Laufzeit von fünf und zehn Tagen.

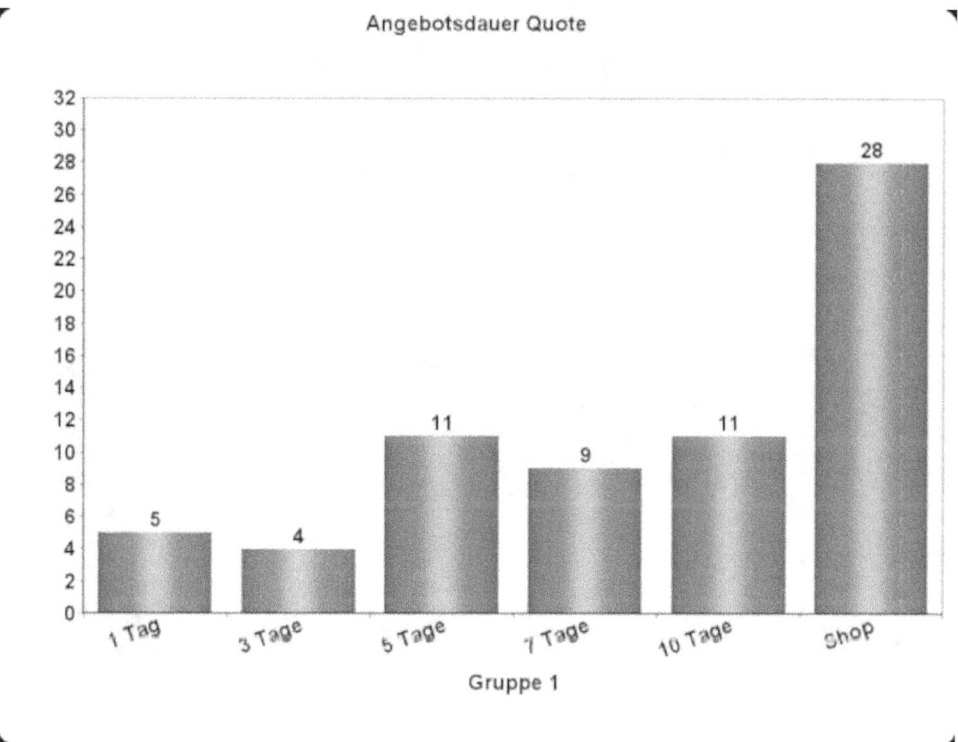

In Gruppe 2 zeigt sich ein ähnliches Bild. Klarer Sieger ist auch hier die Laufzeit von mehr als elf Tagen, gefolgt von einer Laufzeit von zehn und sieben Tagen.

DIE POWERSELLER-ELITE VON EBAY.COM

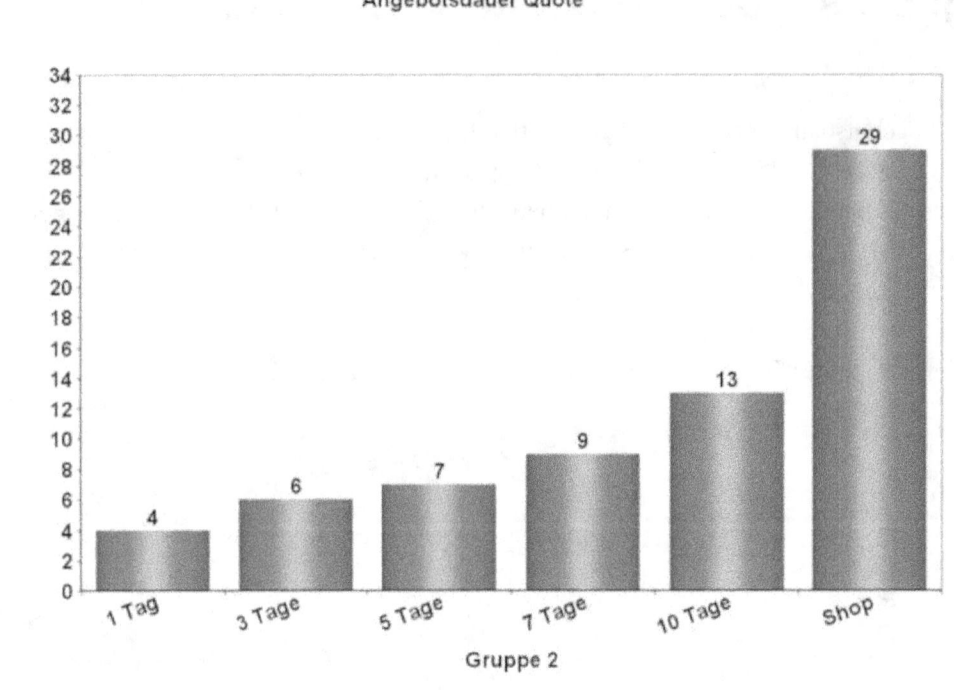

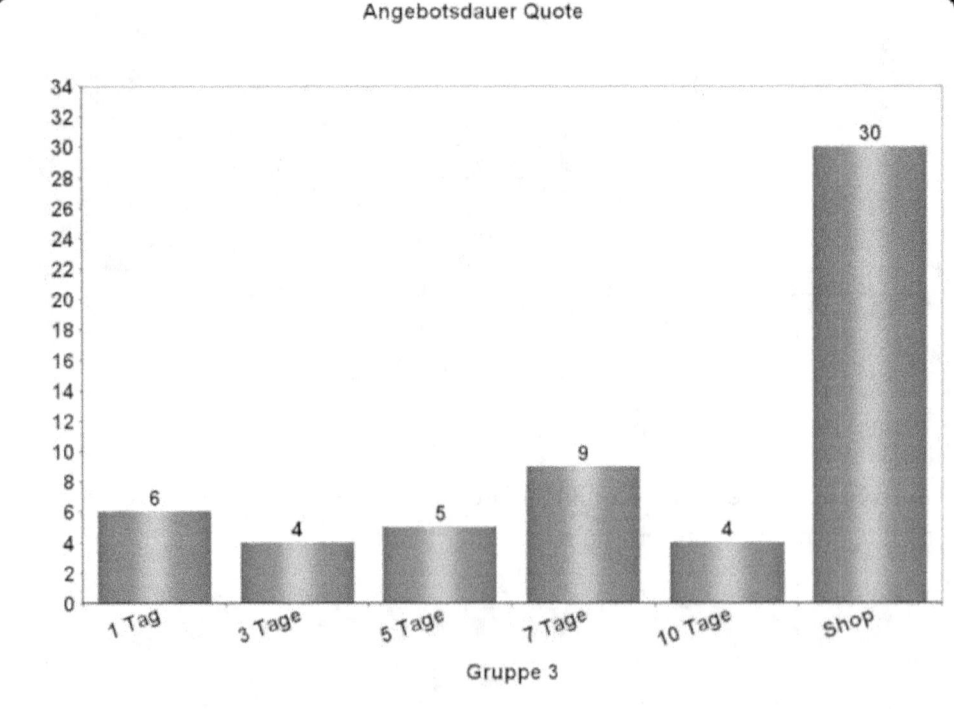

Angebotsdauer – höchste Verkaufsquote:

Und auch in Gruppe 3 bestätigt sich, dass eine Laufzeit von mehr als elf Tagen die höchsten Verkaufsquoten erzielt. Hier steht die Laufzeit von sieben Tagen an zweiter Stelle.

In der Gesamtübersicht stellt sich das dann folgendermaßen dar:

Die mit Abstand höchste Verkaufsquote wird mit einer Laufzeit von mehr als elf Tagen erzielt.

Dann folgen die Laufzeiten zehn Tage und sieben Tage, das Schlusslicht ist die Laufzeit von drei Tagen.

Im Idealfall nimmt man die Überschneidungen zwischen Verkaufspreis und Verkaufsquote, d. h. eine Laufzeit, an denen sowohl die höchsten Verkaufspreise als auch die höchsten Verkaufsquoten erzielt wurden.

Diese Überschneidung gibt es nur bei Laufzeiten von mehr als elf Tagen, also bei Shopangeboten.

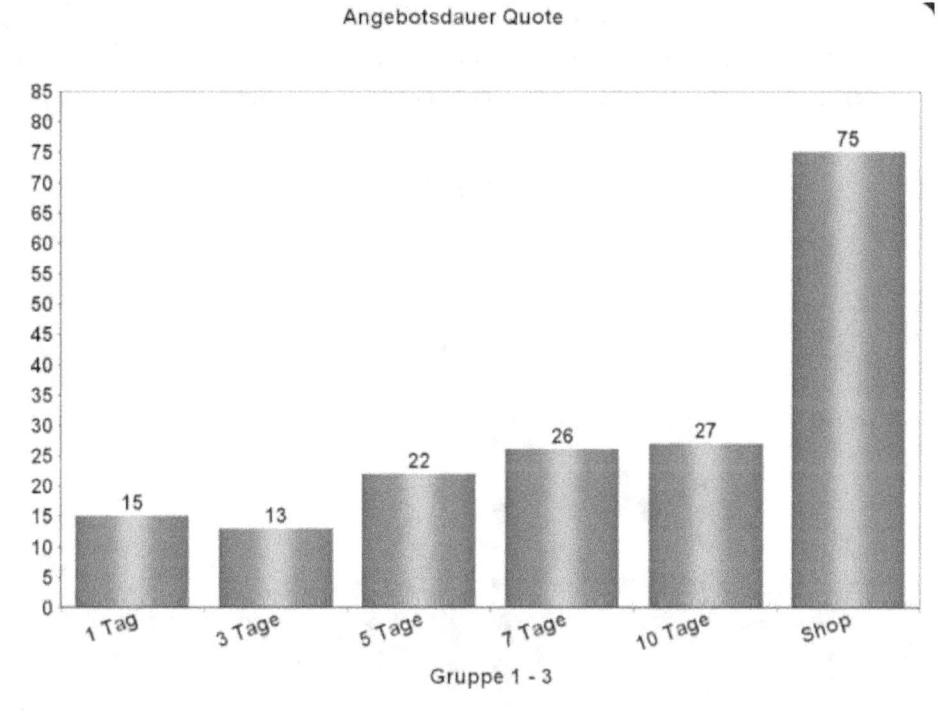

Höchste Verkaufspreise nach Wochentag

Die Frage, die mir am meisten gestellt wird, ist die Frage, welcher Wochentag der beste Verkaufstag bei eBay sei.

Seit Jahren hält sich das Gerücht, dass der Sonntag der beste Tag sei, um eBay-Angebote auslaufen zu lassen.

Zunächst muss man definieren, was man unter dem „besten Tag" versteht, denn hier gibt es zwei Kennzahlen. Die erste Kennzahl bezieht sich auf die höchsten Preise, die zweite auf die höchste Verkaufsquote.

An welchem Tag werden also die höchsten Preise erzielt und an welchem Tag werden die meisten Artikel bei eBay verkauft?

Denkt man darüber nach, wird schnell klar, dass die Schnittmenge hier gering sein wird. An Tagen, an denen viele Artikel verkauft werden, sind die Verkaufspreise niedriger als an Tagen, an denen weniger Artikel verkauft werden. Das werden die Auswertungen auch gleich bestätigen.

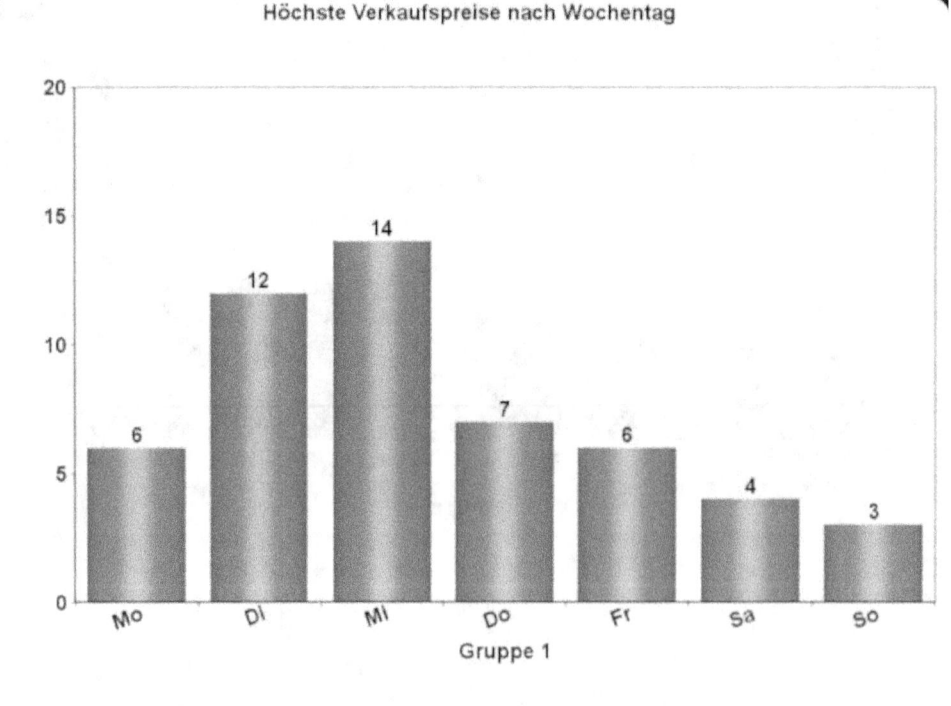

Traditionsgemäß ist der Sonntag tatsächlich ein guter eBay-Tag, weil viele Menschen Zeit haben und im Internet unterwegs sind, aber lohnt es sich tatsächlich, seine Angebote am Sonntag bei eBay auslaufen zu lassen? Gehen wir dieser Frage genauer auf den Grund:

Bei der Auswertung der höchsten Verkaufspreise zeigt sich in Gruppe 1, dass am Dienstag und am Mittwoch die höchsten Preise erzielt werden, während die Preise am Wochenende in den Keller gehen.

Und ein Blick auf die Gruppe 2 bestätigt dieses Bild. Auch hier sind der Dienstag und der Mittwoch die Tage, an denen die höchsten Verkaufspreise realisiert werden und das Wochenende steht am anderen Ende der Skala.

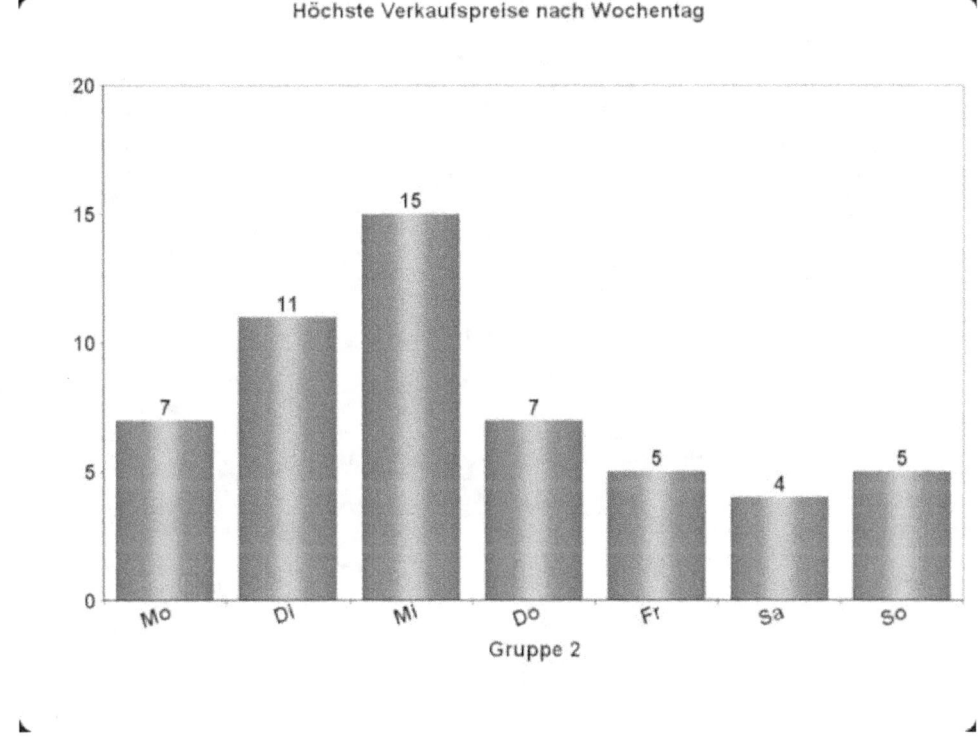

Und auch in Gruppe 3 kristallisiert sich der Mittwoch als der Tag heraus, an dem die höchsten Verkaufspreise erzielt wurden. Hier ist der zweitstärkste Tag der Montag, also auch ein Wochentag.

In der Gesamtübersicht wird deutlich: In allen drei Gruppen führt der Mittwoch mit knapp 25 % die Tage an, an denen die höchsten Verkaufspreise erzielt werden. Danach folgen der Dienstag mit 17,5 % und der Montag mit knapp 15,5 %. Weit abgeschlagen am Ende der Skala rangiert der Samstag, und der Sonntag ist der Tag, an dem die zweitniedrigsten Verkaufspreise erzielt werden.

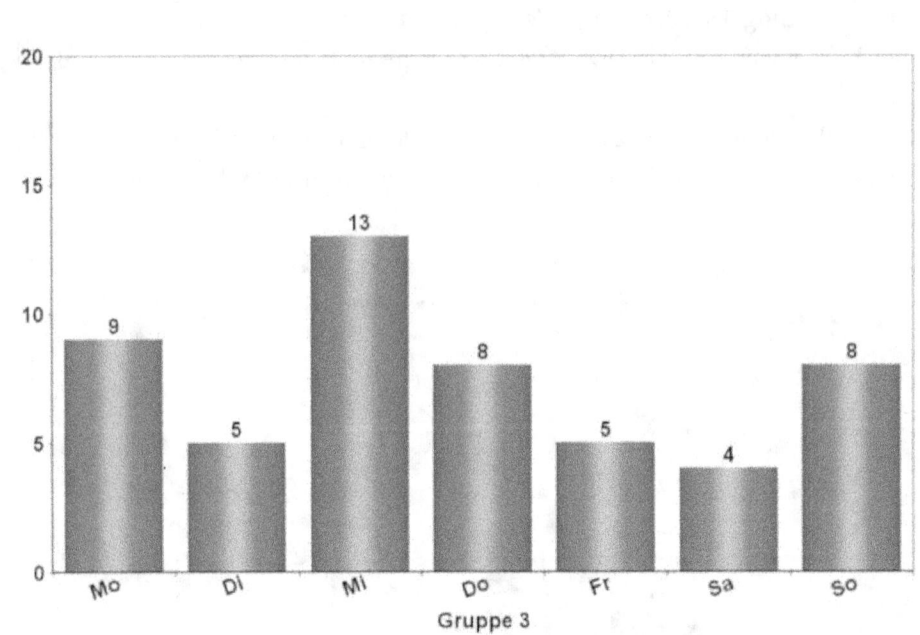

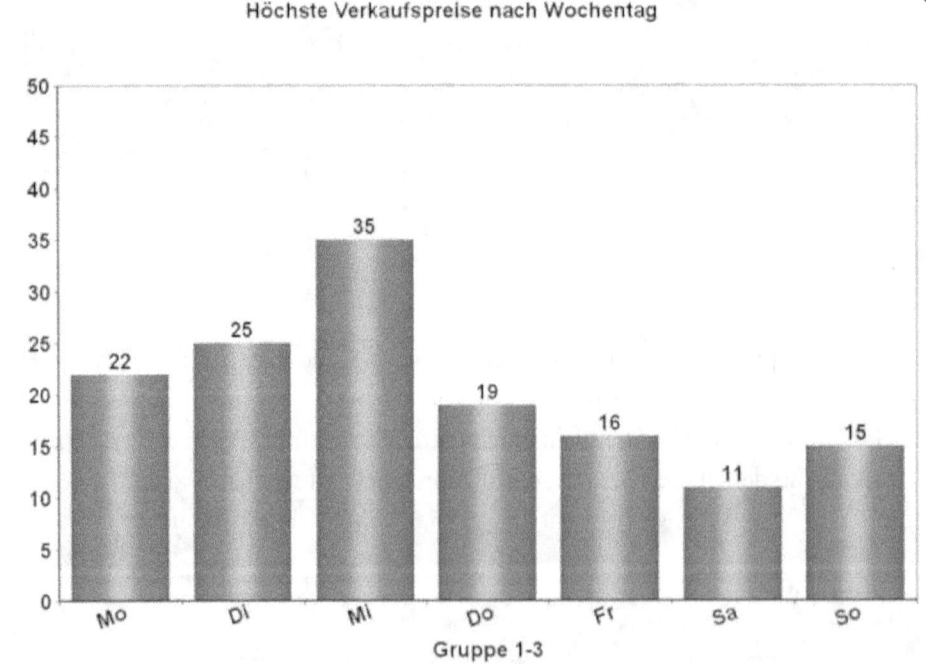

Höchste Verkaufsquote nach Wochentag

Werfen wir nun einen Blick auf die Verkaufsquote. An welchen Tagen werden bei eBay die meisten Artikel verkauft?

Bei der Verkaufsquote nach Wochentag ist es wieder möglich, dass Verkäufer an mehreren Tagen eine Verkaufsquote von 100 % haben, daher sind hier die Gesamtzahlen in der Auswertung höher als beim Verkaufspreis.

Hier treffen wir in Gruppe 1 gleich auf das Wochenende. Der Sonntag ist der Tag, an dem tatsächlich die meisten Produkte bei eBay verkauft werden, dicht darauf folgt der Samstag.

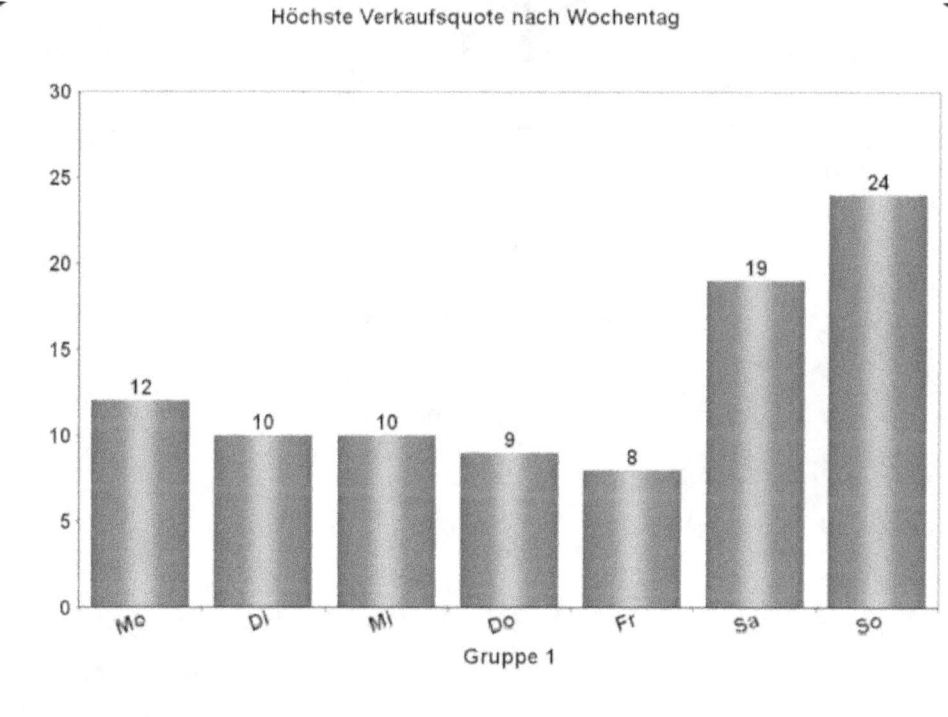

Und auch in Gruppe 2 bestätigt sich dieses Bild.

Der Sonntag ist der verkaufsstärkste Tag und danach folgt gleich der Samstag, die Wochentage reihen sich weit dahinter ein.

DIE POWERSELLER-ELITE VON EBAY.COM

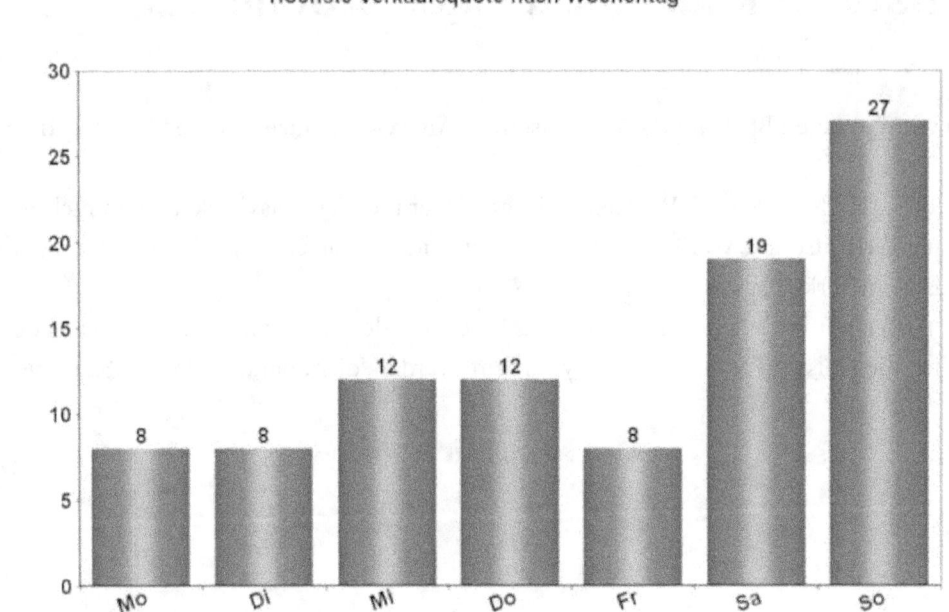

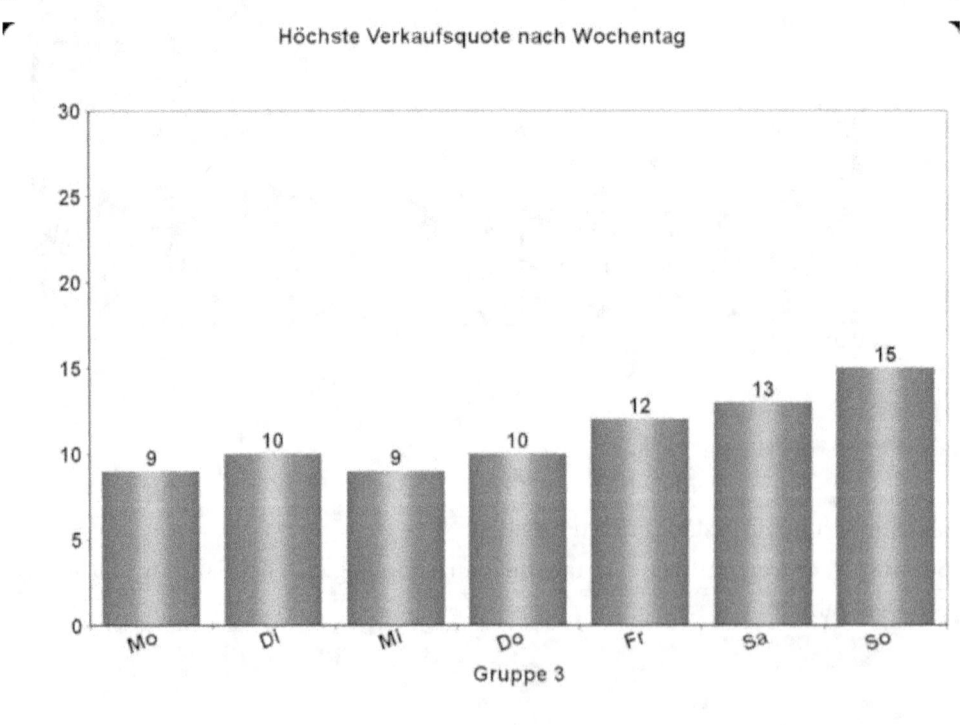

Höchste Verkaufsquote nach Wochentag

In Gruppe 3 sind die Ausschläge nicht ganz so gewaltig, aber auch hier ist der Sonntag der Tag, an dem die meisten Artikel verkauft werden und der Samstag folgt als zweiter verkaufsstarker Tag.

Die anderen Tage sind nicht so weit entfernt, aber das liegt mit Sicherheit auch an den durchschnittlichen Verkaufspreisen in dieser Gruppe, die deutlich unter den durchschnittlichen Verkaufspreisen der anderen beiden Gruppen liegen. In dieser Gruppe werden eher preiswerte „Mitnahmeartikel" verkauft, die man ohne groß darüber nachzudenken, einfach in den Warenkorb legt.

In der Gesamtansicht stellt sich das Ergebnis folgendermaßen dar:

Der Sonntag hängt alle anderen Tage deutlich ab, wenn es um die Anzahl der verkauften Artikel geht, und auch der Samstag liegt deutlich vor den Wochentagen.

Ein Schnittpunkt zu den Tagen, an denen die höchsten Verkaufspreise erzielt wurden, findet sich erwartungsgemäß nicht.

Bei eBay.com werden also am Wochenende viele Artikel verkauft, die höchsten Preise jedoch werden am Dienstag und am Mittwoch erzielt.

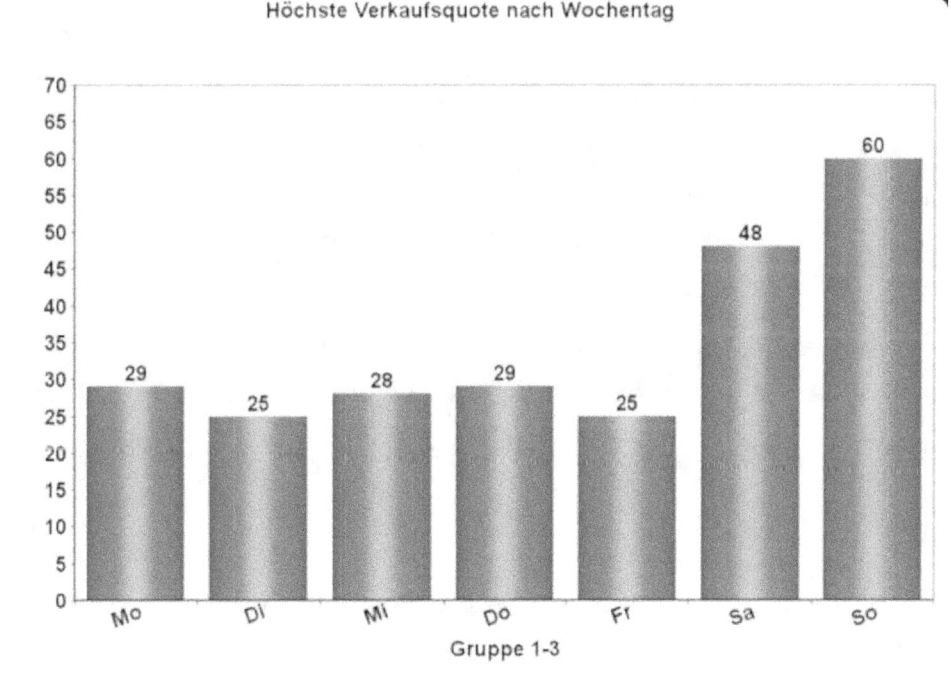

Teuerster Artikel

Jetzt kommen wir noch zu einigen weiteren Zahlen, die mich teilweise sehr erstaunt haben.

In welchen Bereichen liegen die teuersten Artikel, den die eBay-Verkäufer bei eBay.com verkauft haben?

In der Gruppe 1 liegt die Mehrzahl der Verkäufer im Bereich zwischen $ 500 und $ 1.000, aber insgesamt herrscht auch zwischen $ 1.000 und $ 10.000 recht viel Bewegung. Der teuerste verkaufte Artikel in dieser Gruppe war ein Ring zum Preis von $ 28.600,09.

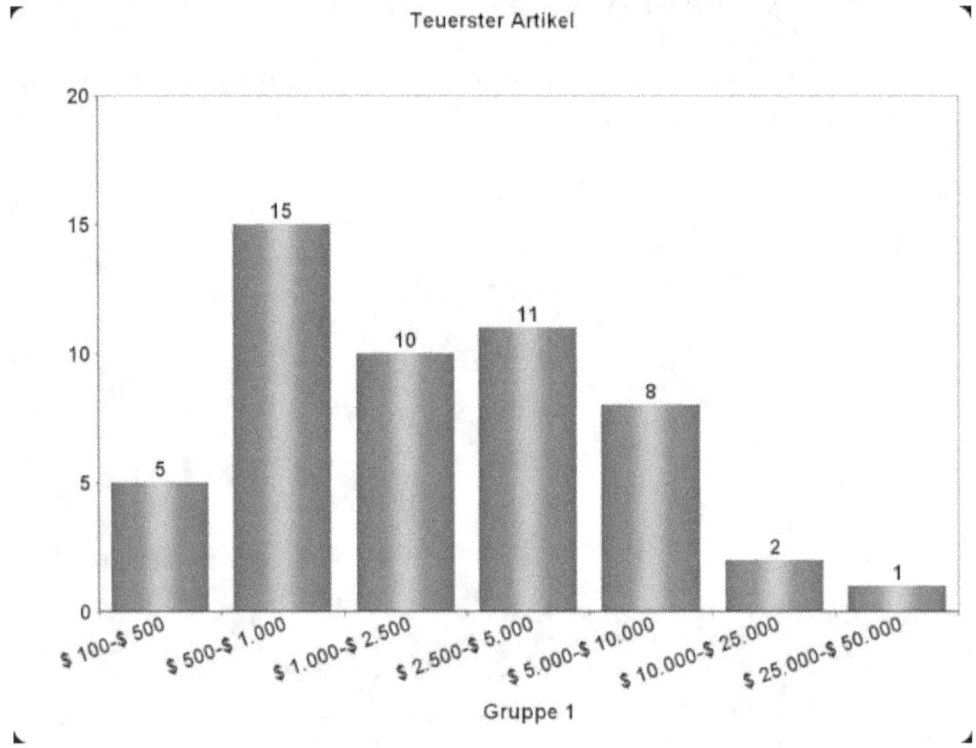

In der zweiten Gruppe sehen wir einen Anstieg gegenüber der Gruppe 1.

Hier liegen die teuersten verkauften Artikel im Bereich zwischen $ 2.500 und $ 5.000, aber auch hier zeigt sich, dass die Mehrheit der Verkäufer sich im Bereich zwischen $ 1.000 und $ 10.000 bewegt.

In dieser Gruppe hatten wir drei Angebote, die mir einigermaßen die Sprache verschlagen haben.

Der teuerste Artikel in dieser Gruppe war wie schon in Gruppe 1 ein Ring, der für $ 4.000.000 verkauft wurde, an zweiter Stelle folgt ein weiterer Ring mit einem Verkaufspreis von $ 555.000.

Beide Angebote sahen für mich sehr realistisch aus, daher habe ich sie auch in die Auswertungen genommen. Die Verkäufer haben ein ziemlich aussagekräftiges Bewertungsprofil bei eBay.com und verkaufen regelmäßig Schmuck in Preisklassen, bei denen man in der Regel nicht unbedingt an eBay denken würde.

Der dritte Artikel, der für mehr als $ 100.000 verkauft wurde, war ein Traktor. Auch das ist ein Artikel, bei dem ich nicht spontan an eBay als Verkaufsplattform denken würde, allerdings lag ich in diesem Fall mit meiner Einschätzung falsch. Traktoren und Bagger werden bei eBay.com erfolgreich verkauft und das in nicht unerheblicher Stückzahl.

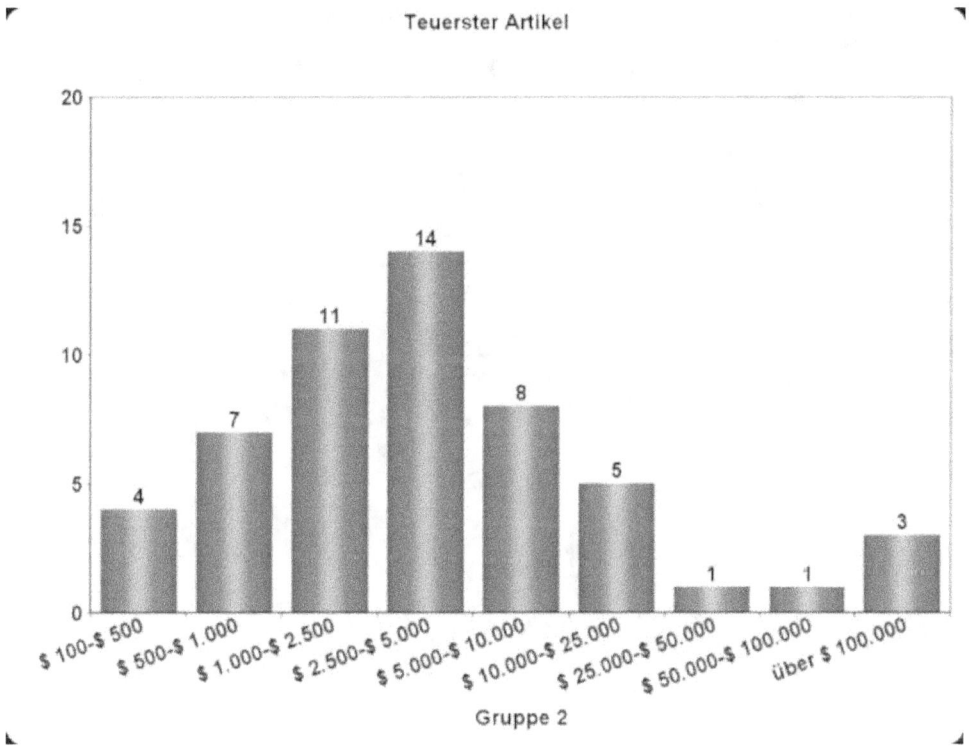

In Gruppe 3 sieht es wieder schon fast traurig aus. Bei 40 % der Verkäufer liegt der teuerste Artikel unter $ 100. Der teuerste verkaufte Artikel in dieser Gruppe liegt bei $ 4.402,99.

DIE POWERSELLER-ELITE VON EBAY.COM

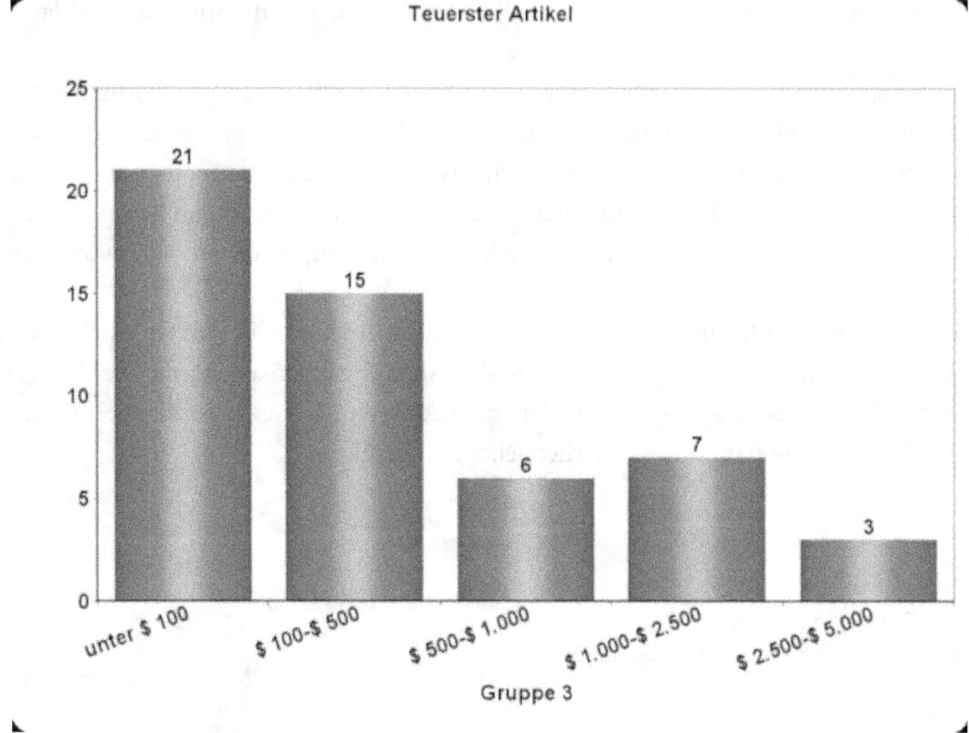

Teuerster Artikel

Bestseller

Zum Abschluss werfen wir noch einen Blick auf die Artikel, die die analysierten Verkäufer verkauft haben:

8.545 x Multi Task Utility Work Gloves
8.431 x SWAT BW8202 XM-L T6 3W CREE 120 Lumens LED Flashlight
7.592 x Ray-Ban Sunglasses
6.680 x Hard Back Case for Apple iPhone
6.527 x NY Hotel Deluxe 300TC Cotton Bed Sheet Set
5.282 x Apple iPad Mini 32 GB
5.112 x Hotel Comfort Bamboo Memory Foam Pillow with Bag
4.739 x eBay Gift Card
4.706 x USB Home AC Wall Charger + 8 Pin Data Sync Cable Cord for iPhone 5
4.644 x Pocket Hose The Hose That Grows To 50 ft
4.439 x USB Home AC Wall + Car Charger + 2 x 8 Pin Data Sync Cable For iPhone
4.149 x USB Data Cable Sync Cord+AC Power Wall Charger for iPhone 4
3.603 x Apple Lightning to USB Charge & Sync Cable for iPhone 5S
3.439 x 10 oz Scottsdale STACKER® Silver Bar - Ten Troy oz .999 Silver Bullion
3.228 x Latest Version iPad Mini with Retina Display
3.177 x 2014 1 oz Silver American Eagle (Lot of 10)
3.109 x 8GB iRulu 7" Android 4.0 Tablet
2.995 x Adidas Golf Shoes
2.873 x 64 GB Lexar JumpDrive USB 3.0 High Speed Flash Drive
2.809 x Lenovo 10.1" Windows 8 Tablet 2
2.724 x PlayStation 4 Console
2.663 x Asus Google Nexus 7 Tablet 16 GB
2.416 x Manufacturer Refurbished 64 GB Microsoft Surface RT Tablet
2.215 x Ray-Ban Large Aviator Sunglasses
2.134 x Rotating Tie Rack
2.120 x Lexar JumpDrive TwistTurn 16 GB USB 2.0 Flash Drive 4 Pack
2.047 x Apple iPhone 5S 16 GB
2.044 x Apple iPad Air 32 GB
2.040 x Lot of 5 - 2014 1 Troy Oz .999 Fine Silver American Eagle Coins
1.992 x G.SKILL 64GB MicroSDXC Flash Card
1.921 x Patio Umbrella

DIE POWERSELLER-ELITE VON EBAY.COM

1.900 x Iphone 5
1.692 x Zero Gravity Chairs Case Of (2)
1.673 x Call of Duty: Ghosts for Microsoft Xbox One
1.545 x Samsung Galaxy S III
1.500 x Sony PlayStation 4 500 GB
1.500 x Wii U 32 GB
1.495 x Amazon Kindle Fire HDX 7" Tablet
1.411 x Battlefield 4: Standard Edition (PlayStation 4)
1.303 x Dell XPS 12 Touchscreen 2-in-1 (i5) 128 GB SSD 12.5" Ultrabook
1.364 x Vera Bradley Zip-Around Wallet
1.346 x Western Digital Elements 2TB Portable External Hard Drive
1.340 x Lot 2 Wireless Controller Bluetooth for Sony PS3
1.336 x 3.5mm Earphone Headset for Apple iPhone 5 4/4S
1.330 x 5x 10oz Scottsdale STACKER® Silver Bars 50 Troy oz .999 Silver Bullion
1.304 x Apple Macbook Pro
1.271 x Replacement Assembly for iPhone 4S
1.200 x Sony PlayStation 4 / PS4 Console
1.002 x Replacement Assembly for iPod Touch
992 x Apple iPhone 4s – 16 GB
970 x SilverTowne Logo 1oz .999 Fine Silver Bar LOT OF 10
826 x Canon EOS-M Mirrorless Digital Camera
672 x Ladies Complete Golf Club Set
881 x Lenovo IdeaTab
803 x Dell Inspiron M731R 17.3" HD+ Notebook
599 xGoogle Chromecast HDMI Streaming Media Player
592 x Adidas Golf Shorts
586 x (2) Game Spy Low Glow Infrared Digital Trail Hunting Cameras
465 x Nikon D3200 24.2 MP CMOS Digital SLR Camera with 18-55mm VR Lens Refurbished
453 x Full Body Shiatsu Massage Chair
438 x Taylormade 2014 Jetspeed Driver
417 x Dell Alienware 14" HD Gaming Notebook
406 x Natural Chemistry PHOSFREE Swimming Pool Phosphate Remover
399 x Folding Electric Treadmill Portable Motorized Running Machine
342 x Google - Chromecast HDMI Streaming Media Playe
354 x Invicta Mens Specialty Chronograph
239 x Horse Head Mask Latex
234 x Royal Canadian Mint RCM 1 Troy Oz .9999 Gold Bar

216 x Barber Chair
190 x Samsung UN65F8000 - 65 inch 1080p 240hz 3D Smart Wifi LED HDTV
129 x Mirrors Pair for 99-02 Chevy GMC Truck
33 x Rolex Submariner
20 x Mens Rolex Datejust Watch
1 x Cartier 2.66ct GIA Princess Cut Diamond Platinum Engagement Ring for $ 28.600,09
1 x 1953 Topps Mickey Mantle SHORT PRINT for $ 23.650,99
1 x 18.2 Ct Carat Round Cut Engagement Solitaire Diamond Ring for $ 555.000
1 x GIA Certified 62.12 ct FLAWLESS Paraiba Tourmaline Diamond for $ 4.000.000

Insgesamt gehören folgende Artikel zu den Bestsellern der analysierten Verkäufer:

- Golfzubehör vom Golfschläger über Golfkleidung bis hin zu Rangefindern
- Kameras
- Camcorder
- Bücher
- Münzen
- Gold- und Silberbarren
- Schmuck, Uhren und Edelsteine
- Smartwatches
- Haushaltsgeräte wie Kühlschränke und Herd
- Computer, Laptops & Tablets sowie die ganze Palette von Zubehör
- Smartphones & Zubehör
- E-Book-Reader
- Männerspielzeug wie Helikopter und Quadkopter sowie Zubehör
- Konsolen und Zubehör
- Computerspiele
- Musikinstrumente wie Saxofon, elektrische Gitarre
- Swimmingpools und Zubehör wie Sandfilter, Chlor-Tabletten
- Küchenhelfer wie Eiscrememaschinen, Kaffeemaschinen
- Baumaschinen wie Traktoren und Bagger sowie Zubehör
- Taschen in allen Variation von Handtaschen bis Rucksäcke
- Sportgeräte wie Laufbänder
- Verpackungsmaterial wie Briefumschläge, Luftpolsterfolie und Klebeband
- Labeldrucker
- Lautsprecher
- Kopfhörer

- eBay-Gutscheinkarten
- Bettdecken, Kopfkissen und Bettwäsche
- Sammlerartikel wie Baseballkarten, Fan-Memorabilien
- Autoersatzteile
- Kleidung und Accessoires, hier vor allem Sonnenbrillen
- Fernseher
- Wandhalterungen
- Monitore
- Drucker
- Gartenmöbel vom Gartenschlauch über Gartenschirme bis hin zu Gartenmöbeln
- Gartengeräte wie Heckenschneider
- Grills
- Klimaanlagen und Lüfter
- Massagestühle
- Spion-Kameras
- DVDs, Blue-Rays, Video, CDs
- Atemschutzmasken
- Arbeitshandschuhe
- Messer in vielen Variationen
- Insektenschutz
- LED-Lampen in allen Variationen
- Mediaplayer
- Festplatten
- USB-Speichersticks und Speicherkarten
- USB-Kabel
- Modems
- Batterien
- Batterie-Ladegeräte
- Aufbewahrungshelfer wie Boxen oder Krawattenkarussells
- Zippos
- Tierbedarf wie Hundehütten oder Käfige
- DJ-Equipment
- GPS-Navis
- Taschenrechner
- Jagdzubehör
- Matratzen
- Nähmaschinen

- Zelte
- Waagen, hier insbesondere Goldwaagen
- Make-up-Sets und Pinsel
- Maniküre-Sets
- Tattoo-Maschinen
- Holster

Nachwort

Auch wenn die analysierten Verkäufer in der eBay-Oberliga spielen, erkennt man in fast allen Bereichen, dass sie eine sehr heterogene Gruppe sind.

Deutlich wird das z. B. bei den Durchschnittspreisen, die zwischen $ 0,76 und $ 122.697 liegen, aber auch bei Bewertungsprofilen, die zwischen 1.162 und 3.896.406 Bewertungen aufweisen und es geht weiter über die Anzahl der eingestellten, die der angebotenen Artikel und die der verkauften Artikel bis hin zu der Anzahl der abgegebenen Gebote.

Gerade das macht aber die Auswertung auch interessant, weil sie ein sehr breites Spektrum an unterschiedlichen Verkäufern abdeckt und damit einen umfassenden Blick auf den eBay-Marktplatz ermöglicht.

Insgesamt müssen jedoch auch einige Ergebnisse kritisch hinterfragt werden.

Ist es z. B. erstrebenswert, über 30.000 Artikel zu einem Durchschnittspreis von $ 0,76 bei eBay zu verkaufen? Ich denke nicht.

Bei einem Verkäufer, der gebrauchte Smartphones verkauft, war ich sehr erstaunt über die Zahlen, die ihm zuzuordnen waren. Er ist erst seit Mai 2014 bei eBay angemeldet und hatte im Juli 2014 mit knapp 8.000 Verkäufen bereits einen Umsatz von knapp $ 2,8 Millionen. Eigentlich sollte das nicht möglich sein, denn neue Verkäufer bekommen bei eBay ein Verkaufslimit. Bei ihm scheint das nicht der Fall gewesen zu sein.

Seine Bewertungen sind zudem mit einem Profil von 95,5 % die schlechtesten Bewertungen aller analysierten Verkäufer. Bei ihm hatte ich eigentlich fast damit gerechnet, dass er nicht mehr dabei ist, wenn ich das Buch beendet habe, aber noch ist er aktiv, allerdings scheint eBay ihm nun doch ein Limit auferlegt zu haben, denn sein Umsatz ist auf knapp $ 78.000 gefallen.

Mit Sicherheit gibt es bei eBay.com viele Verkäufer, die bei meiner ersten Sichtung unter Radar geflogen sind, weil sie es weder in die Liga der Umsatzmillionäre geschafft haben, noch zu den High Volume Sellern zählen und die dennoch unterm Strich besser dastehen, als einige der hier analysierten Verkäufer.

Umsatz bedeutet eben nicht Gewinn und auch die Zahl der Bewertungen sagt nichts darüber aus, ob ein Verkäufer bei eBay wirklich erfolgreich ist.

Auf der anderen Seite zeigt die Auswertung aber auch, welches Potenzial bei eBay.com vorhanden ist und dass nicht alle Verkäufer, die in der Oberliga spielen, uneinholbar sind. Im Gegenteil: Einige könnten besser dastehen, wenn sie ihre Angebote perfektionieren würden. Und wenn man sich ansieht, dass es unter den analysierten Verkäufern auch eBay-Newcomer gibt, ist der Beweis erbracht, dass man auch heute noch erfolgreich bei eBay starten und die Wettbewerber hinter sich lassen kann.

In diesem Sinne wünsche ich allen eBay-Verkäufern viel Erfolg!

Schlusswort

Die Auswertungen wurden mit größter Sorgfalt unter Zuhilfenahme des eBay-Marktanalysetools Terapeak erstellt.

Auswertungszeitraum: Mitte Juni 2014 bis Ende Juli 2014.

Über die Autorin

Marion von Kuczkowski startete ihre eBay-Karriere 1999 bei eBay USA und erhielt im selben Jahr als eine der ersten Deutschen den Powerseller-Status. Im Jahr 2000 wurde Frau von Kuczkowski als erste Deutsche in die eBay-Elite aufgenommen, den Kreis der Top 500 Seller der Welt (heute PESA). 2002 schrieb sie das erste deutsche Buch zum Thema eBay „Power Selling mit eBay", 2004 folgte der „eBay Taschenguide". Beide Bücher wurden zu Bestsellern.

Von 2002 bis 2007 war Marion von Kuczkowski externe eBay-Trainerin auf den eBay Universities, der eBay Live und vielen IHK-Workshops zum Thema eBay. Seit 2002 berät und begleitet sie Unternehmen und Powerseller bei ihren eBay-Aktivitäten. 2006 war sie Initiatorin des weltweit ersten Produktlaunches auf allen globalen eBay-Marktplätzen der Welt.

Quellennachweis:
*¹Quelle: **Tamebay**

www.ingramcontent.com/pod-product-compliance
Lightning Source LLC
Chambersburg PA
CBHW081735170526
45167CB00009B/3825